**지도자
본 색**

1인자의 본심을 읽어야 국가의 운명이 보인다

지도자 본색

김덕수 지음

true
intention

위즈덤하우스

개와 늑대의 시간

지도자의 중요성은 아무리 강조해도 지나치지 않는다. 물론 특출난 일인이 카리스마를 발휘해 자기 마음대로 문제를 해결하는 시대는 지났다. 하지만 국민에게 위임받은 주권을 바탕으로 공동체가 나아가야 할 방향을 조정하고, 목표를 이루기 위한 최고의 방법을 마련한다는 점에서 지도자의 역할은 여전히 유효하다.

혼돈의 시대

특히 오늘날처럼 각종 문제가 끊이지 않을 때는 더더욱 일 잘하는 지도자가 필요하다. 지난 세기에 일제강점기와 해방, 전쟁과 분단, 산업화와 민주화라는 파도를 넘은 우리지만, 숨 돌릴 틈도 없이 또 다른 위기 상황을 겪고 있다.

대외적으로는 언제 종식될지 모르는 코로나19 팬데믹, 강대국의 뻔뻔한 약소국 침략에서 비롯된 전 세계적 경제 위기, 위험 수위를 진즉에 넘은 환경 파괴 문제 등에 압박받고 있다. 대내적으로는 고질적인 지역 갈등, 최근 두드러진 세대별·성별 갈등, 공동체의 존폐 자체를 뒤흔드는 저출산·고령화 문제 등이 발목을 잡고 있다. 이것들은 모두 복잡하게 얽히고설킨 난제로, 어떻게 해결해야 할지 의견을 모으기조차 쉽지 않다. 그러다 보니 '갈라치기'에 따른 소모적 논쟁만 끊임없이 되풀이되는 중이다. 심지어 '유종의 미'를 거둔 지도자가 거의 없다는 '악습'마저 굳어진 상태다.

이런 상황이기에 우리는 선거에 '목숨'을 건다. 수많은 갈등을 조정하고 슬기롭게 풀어갈 지도자가 너무나도 필요한 상황이기에 그렇다. 이러한 절박함이 지나쳐 진영 논리에 빠질 때도 있지만, 대통령부터 국회의원, 지방자치단체장까지 수많은 지도자를 뽑으며 그들의 '성공'을 비는 마음은 매한가지일 것이다.

지도자의 본색

그렇다면 우리는 어떤 기준으로 지도자를 뽑는가. 사람마다 다를 수 있지만, 지금까지 무엇을 이루었는지와 앞으로 무엇을 이룰 것인지, 즉 성과와 비전을 보통 따질 테다. 하지만 정말 그것만으로 충분할까.

프랑스에서는 황혼을 '개와 늑대의 시간'으로 묘사한다. 낮의 밝음과 밤의 어둠이 공존하는 그 시간에는 개와 늑대를 구분할 수 없기 때문이다. 만약 개라면 목숨을 구하겠지만, 늑대라면 잡아먹힐 게 뻔하다. 지도자를 선택한, 또 선택해야 하는 우리의 처지와 비슷하지 않은가. 겉으로 드러나는 것들만 봐서는 그가 어떤 사람인지, 공동체를 어떻게 이끌지 도통 알 수 없다는 말이다. 따라서 성과와 비전만큼, 어쩌면 그보다 더 중요한 것이 바로 지도자의 '본색'이다.

지도자의 본색에 따라 국가의 운명이 결정된 사례는 로마사에서 무수히 발견된다. 공화정의 전성기가 끝나갈 무렵인 기원전 2세기 혜성처럼 등장한 그라쿠스 형제는 빛나는 선견지명으로 이후 로마의 1000년 역사를 지탱할 개혁안을 제시했다. 하지만 '나만 할 수 있다는 고집'이 권력욕으로 불거져 결국 실패하고 말았다. 명분을 잃은 개혁은 국가를 분열하게 할 뿐이니, 실제로 로마는 이후 100여 년간 내전에 시달리게 되었다.

제정이 시작되고 300여 년이 지난 3세기 말의 황제 디오클레티아누스도 좋은 예다. 그는 피를 뿌린 끝에 집권에 성공해 권력욕이 대단한 인물인 듯싶지만, 효과적인 통치를 위해 황제의 권한을 거리낌 없이 나누었다. 이로써 제국을 두 명의 황제와 두 명의 부황제가 나누어 다스리게 되니, 로마는 '3세기의 위기'로 불린 암흑기를 극복하고 다시 한번 비상할 수 있었다.

이처럼 지도자의 마음속 깊은 곳에 자리한 본색은 국가 경영에 영향을 미칠 수밖에 없다. 말이나 심지어 행위보다 지도자 본인을 강력히 대변하기 때문이다. 이것을 파악할 수만 있다면 지도자가 공동체를 어떤 방향으로 이끌지 예상할 수 있을 것이고, 그렇다면 지금 우리에게 꼭 필요한 지도자가 누구인지도 알아볼 수 있을 것이다.

로마사라는 거울

이 책에는 공화정 말기의 혼란을 수습하려 애쓴 그라쿠스 형제와 술라, 카이사르와 안토니우스, 제정의 문을 연 아우구스투스, 제국의 최전성기를 이끈 트라야누스와 하드리아누스, 새로운 통치 체제로 위기를 극복한 디오클레티아누스 등 로마사를 수놓은 아홉 명의 지도자가 등장한다. 그들의 삶에서 지도자는 어떻게 본색을 드러내는지, 그 본색이 국가의 흥망에 어떻게 영향을 미치는지 살펴본다.

무대가 하필 로마인 것은, 그 오랜 역사에 바로 지금 참조할 만한 이야기들이 가득하기 때문이다. 로마는 2700여 년 전 이탈리아반도 중부의 작은 마을에서 시작해 종국에는 지중해 세계의 패권을 주무른 거대한 제국이 되었다. 그 과정에서 개혁과 반개혁,

내전의 혼란을 극복하고 '팍스 로마나'로 불린 태평성대를 열었으니, 지금까지 정치, 사회, 문화, 종교, 사법 등 다양한 분야에 영향을 미치고 있다.

물론 영광만 있었던 것은 아니다. 로마는 외세와의 충돌부터 권력 투쟁, 사회 분열, 빈부 격차, 이문화 유입, 심지어 인구 문제까지 오늘날 우리가 겪는 문제들을 미리 경험했다. 이를 해결하고자 로마인들은 원로원이나 민회 등 제도권 정치를 통해, 또는 군대의 물리력을 빌려 여러 지도자를 세우고, 또 내쳤다.

우리도 그들처럼 수많은 지도자를 뽑는다. 민주 정치라는 제도 덕분에 아무리 막강한 권력을 가진 지도자라도 선택받기 위해 고개를 숙인다. 하지만 어느 때이건 지도자의 본색은 쉬이 드러나지 않는다. 이 책은 로마사에 근거해 바로 그 실마리를 제시한다. '영원한 제국'을 이끈 지도자들의 본색은 로마의 운명을 어떻게 바꾸었을까. 또 우리가 꿈꾸는 공동체에 어울리는 지도자는 어떤 모습인가. 이 책을 읽으며 그 모습을 그려보길 바란다.

2022년 3월

김덕수

차례

1장

선견지명의
함정

그라쿠스 형제|Gracchi

티베리우스 • 기원전 163년~기원전 133년

가이우스 • 기원전 154년~기원전 121년

내가 아니면 안 된다는 고집이
개혁을 망친다

재앙의 발단은 그라쿠스 형제였다.

그들의 의도는 칭찬받을 만했지만,

결국 신중하지 못한 일을 저지른 셈이었다.

공화국의 부조리를 제거하고자 한 것은 좋았으나,

······ 그 법은 부조리가 키워온 해악을

단지 촉진하는 것 외에 한 일이 없었다.

_니콜로 마키아벨리, 《로마사 논고》

기원전 2세기 중엽 로마는 명실상부 지중해의 패권을 장악했다. 경쟁 상대였던 지중해 서부 카르타고와 동부 마케도니아가 로마의 속주로 편입되었다. 수도인 로마시는 각종 전리품과 노예가 된 전쟁 포로들의 유입으로 경제적 활기가 넘쳐났고, 헬레니즘 문화와 함께 동방의 선진 문물이 빠른 속도로 전파되었다. 그러나 이러한 성장과 번영은 태평성대만을 뜻하지 않았다. 평민 대중의 고통과 신음이 점차 커졌기 때문이다. 특히 전쟁의 장기화, 대농장의 등장 등으로 중소 자영농이 급속히 붕괴했다. 이들은 일자리를 얻기 위해 로마시로 향했지만, 사정은 크게 나아지지 않았다. 급격한 성장에서 비롯된 사회 혼란이라는, 오늘을 사는 우리에게도 낯설지 않은 문제로 로마는 안에서부터 흔들리고 있었다.

이때 혜성처럼 등장한 이들이 바로 티베리우스 셈프로니우스 그라쿠스Tiberius Sempronius Gracchus와 가이우스 셈프로니우스 그라쿠스Gaius Sempronius Gracchus, 즉 그라쿠스 형제였다. 그들은 평민의 권리를 옹호하는 호민관의 자리에 올라 농지법, 곡물법 등 개혁 법안들을 발의하고 시행해 각종 사회 문제를 근본적으로 해결하려 했다. 이러한 시도는 귀족들로 구성된 원로원의 엄청난 저항에 부딪혔고, 결국 그들은 개혁을 완수하지 못한 채 살해당하거나 자살하는 것으로 생을 마감하고 말았다. 다만 그라쿠스 형제가 제시한 개혁 법안들은 시차를 두고 하나씩 채택되었다. 이처럼 그들은 비록 당대에는 실패했지만, 로마가 가야 할 길을 제대로 내다본 '선견지명의 지도자'였다. 동시에 개혁을 추진하는 과정에서 나 아니면 안 된다는 생각으로 로마를 내전의 혼란에 빠뜨린 '고집과 불통의 지도자'였다. 상반되는 두 모습 모두 오늘날 우리에게 어떤 역사의 진리를 들려주는 듯하다.

가문보다 중요한 교육

그라쿠스 형제의 아버지는 공화정의 최고위직인 집정관과 감찰관을 역임하고, 개선식도 치른 영웅이었다. 출중한 능력뿐 아니라 뛰어난 덕성으로 사회적 명성이 높았던 터라, 45세의 늦은 나이에 한니발을 물리친 푸블리우스 코르넬리우스 스키피오 아프리카누스(大 스키피오)의 딸인 18세의 코르넬리아와 결혼하는 영광을 누렸다. 이로써 로마시의 중앙 광장인 포룸 로마눔에 있던 대 스키피오 집터의 상속인이 되었는데, 감찰관 시절인 기원전 169년 그곳에 공공 집회 장소인 바실리카 셈프로니아를 건설했다. 한 세기가 지난 기원전 54년 가이우스 율리우스 카이사르가 그 건물을 증축해 바실리카 율리아로 명명했다.

기원전 154년 34세가 된 코르넬리아는 남편이 열두 명의 자녀를 남기고 죽는 바람에 과부가 되었다. 그녀는 남은 재산을 현명하게 관리하고 자식 교육에 정성을 쏟아 찬사를 받았다. 그러한 명성은 해외까지 알려졌는데, 이집트를 다스리던 프톨레마이오스 8세는 왕후가 되어달라고 청혼까지 했다. 코르넬리아는 이처럼 달콤한 제안을 모두 거절하고 자식들을 키우는 데 온 힘을 다했으나, 그라쿠스 형제와 딸 셈프로니아만이 살아남았다. 그녀는 당대 최고의 수사학자와 철학자를 불러 그라쿠스 형제를 교육했다. 대 스키피오의 딸로서가 아니라 그라쿠스 형제의 어머니로서 기억되는 것이 그녀의 꿈이었다. 그라쿠스 형제가 로마의 위대한 개혁가로 성장한 것은 타고난 재능보다는 어머니의 교육 덕분이라는 게 일반적인 평가다. 이후 셈프로니아는 대 스키피오의 양손자로, 카르타고를 최종적으로 멸망시킨 포에니전쟁의 영웅 푸블리오 코르넬리우스 스키피오 아이밀리아누스(小 스키피오)와 결혼했다. 사실 그라쿠스 가문과 스키피오 가문은 정치적으로 그리 좋은 관계가 아니었다. 특히 개혁 운동을 전개하며 그라쿠스 형제가 반反스키피오파와 손잡고, 스키피오파는 개혁에 중도적·부정적인 견해를 보이며 두 가문의 관계는 악화했다.

인민의 고통이 티베리우스를 깨우다

그라쿠스 형제 중 기원전 163년 태어난 형 티베리우스는 성년이 되어 새점鳥占을 담당하는 신관인 조점관이 되었다가, 매부인 소스키피오와 함께 제3차 포에니전쟁에 참가했다. 그는 적의 성벽에 제일 먼저 올라가는 용기를 보여주었다. 로마로 돌아와서는 소스키피오의 정적인 원로원 수장 아피우스 클라우디우스 풀케르의 딸 클라우디아와 결혼했다. 티베리우스는 이후 재무관에 선출되었고, 집정관인 가이우스 호스틸리우스 만키누스를 따라 히스파니아(오늘날 이베리아반도)의 누만티아에서 일어난 반란을 진압하러 나섰다. 원정길에 에트루리아를 지나며, 로마인 대신 외국인 노예들만 농사짓고 가축 치는 것을 본 티베리우스는 무언가 잘못되었다고 생각했다. 어렴풋한 우려는 전투를 치르며 분명한 현실로 나타났다. 지중해 세계의 최강자임을 자신하던 로마군이 굴욕적인 패배를 당했던 것이다. 티베리우스의 지혜로운 외교와 그의 아버지가 과거 누만티아인에게 베푼 호의 덕분에 가까스로 휴전 조약을 맺고 2만여 명의 로마군이 목숨을 부지할 수 있었다.

　로마군의 패배는 예외적인 사건이 아니었다. 공화정 시기의 로마군은 상비군이 아니라 필요할 때만 구성되는 시민군이었다. 대부분 중소 자영농이었던 로마 시민들은 평소 농사 등 생업에 종사하다가 징집 명령이 떨어지면 각자 무장한 채 모여 전투에 임했다. 그리고 지중해 패권을 장악하는 기원전 2세기 중엽까지 로마는 끊임없이 전쟁을 치렀다. 이 탓에 농토가 제대로 경작되지 못했고, 자연스레 중소 자영농의 몰락이 가속화되었다. 게다가 이탈리아반도에 퍼져 있던 방대한 공유지가 대체로 힘 있는 지배층의 수중에 떨어졌다. 그러면서 환금성이 좋은 목축이나 과수 재배를 하는 대농장이 곳곳에 자리 잡았다. 즉 농사지을 땅이 점점 사라졌다. 이러한 이유로 수많은 중소 자영농이 몰락해 대농장에서 일하는 소작농이 되거나, 무산 시민이 되어 로마시로 몰려들었다. 이는 곧 군사력의 약화로, 더 나아가 인구 감소와 빈부 격차 심화라는 심각한 사회 문제로 이어졌다.

　사실 당시 로마는 민회에서 매년 열 명의 호민관을 선출해 평민의 보호자로 일하게 했다. 그러나 시간이 흐르며 호민관은 평민 출신 유력자의 신분 상승을 위한 등용문으로 전락하고 말았다. 권력의 산실인 원로원은 그 자체로 귀족들 및 부유한 평민들과 깊이 얽혀 있었기에 일반 대중의 민생 문제에는 관심이 별로 없었고, 오로지 기득권을 유지하는 데만 급급했다. 이러한 상황에서 기원전

133년의 호민관을 뽑는 선거에 도전한 티베리우스는 민생 현안을 해결하는 근본적인 개혁안을 제시하며 인기를 끌었다.

확고한 신념과 든든한 동료

아홉 살 어린 동생 가이우스의 증언에 따르면 티베리우스가 평민들의 지도자로 나서게 된 계기는 앞서 설명한 중소 자영농의 몰락과 군사력 약화였다. 그리고 이 문제의 해결만이 로마가 살길이라는 생각을 품은 이는 티베리우스뿐이 아니었다. 이미 소 스키피오의 친구인 가이우스 라일리우스가 이를 해결하려고 개혁을 시도한 바 있었다. 그러나 이해관계가 얽혀 있는 이들의 반대에 부딪혔고, 자신의 조치가 오히려 대혼란을 초래할 것을 지레 걱정한 나머지 개혁을 포기했다. 이로써 그는 '현명한 자', 또는 '영리한 자'라는 뜻의 '사피엔스Sapiens'라는 별명을 얻었다.

그러나 티베리우스의 개혁 의지는 매우 확고했다. 그는 개혁을 실현하기 위해 공적 직위가 필요했는데, 결국 평민들의 지지로 호민관에 당선되었다. 이후 펼쳐진 그의 개혁 운동은 혼자만의 작품이 아니었다. 뮈틸레네 출신의 연설가 디오파네스, 이탈리아반도 남부의 쿠마이에서 온 철학자 가이우스 블로시우스가 그의 생각에 동조했다. 원로원 내에서는 저명한 대신관 푸블리우스 리키니우스 크라수스 디베스 무키아누스와 집정관 푸블리우스 무키우스

스카이볼라 그리고 티베리우스의 장인이 개혁 법안을 만드는 데 협조했다. 또한 그의 뜻에 동조하는 수많은 시민이 거리의 벽이나 기둥에 공유지를 되찾아 가난한 이들에게 돌려주라는 내용의 격문을 붙이며 여론을 조성했다.

강력한 개혁, 강력한 저항

이러한 과정을 거쳐 티베리우스의 개혁 운동은 농지법으로 구체화되었다. 사실 그 초안은 그리 혁명적이지 않았다. 법으로 정한 상한선을 어긴 공유지를 내놓으라는 정도로, 그냥 달라는 것도 아니고 정당한 가격을 지불하겠다고 명시했다. 이렇게 몰수한 토지는 시민들에게 다시 분배될 터였다.

그러나 기득권을 쥔 부유한 이들은 농지법에 격렬하게 반대했다. 국가의 근간을 흔드는 티베리우스의 권력욕에 속지 말라고 선동했다. 이에 아랑곳하지 않고 티베리우스는 평민 대중을 상대로 농지법에 대한 지지를 구했다.

이 나라에는 들짐승도 자기 굴이 있어 쉴 수도 있고, 몸을 감출 수도 있습니다. 그러나 싸움터에 나가 생명을 던지는 사람들은 바람과 햇빛 말고는 가진 것이 없습니다. …… 그들은 세계의 주인이라는 이름을 얻었지만, 내 것이라고 부를 만한 손바닥만 한 땅도 없이 죽어야 했던 것입니다.

_플루타르코스, 《영웅전》, 〈티베리우스〉, 9장.

특히 로마시로 몰려든 무산 시민들이 티베리우스의 연설에 감격하며 절대적인 지지를 보냈다. 반대 세력은 개혁 운동을 물리적으로 저지할 수 없음을 알고, 고도의 전술을 썼다. 호민관의 거부권을 이용해 티베리우스와 동료 호민관들 사이에 분열을 야기했던 것이다. 호민관은 평민의 대표자로서 외부의 압력에 굴복하지 않도록 법으로 보호받았다. 호민관의 신체에 대한 신성 불가침성이었다. 즉 누구든 호민관에게 물리적 위해를 가하거나 업무를 방해하면, 호민관은 그를 사형에 처하도록 명할 수 있었다. 더 나아가 호민관끼리도 각자의 생각을 동료 호민관에게 강요할 수 없었다. 만일 어떤 호민관이 무리하게 독주하면 다른 호민관이 거부권을 행사해 막을 수 있었다. 원로원은 바로 이 호민관의 거부권을 활용해 합법적으로 티베리우스의 개혁 운동을 좌초시키려 했다. 이를 위해 많은 공유지를 가져 사실상 개혁 대상이기도 했던 또 다른 호민관 마르쿠스 옥타비우스를 부추겼다.

옥타비우스는 티베리우스의 가까운 친구였기에 처음에는 망설이고 주저했다. 그러나 많은 원로원 의원이 티베리우스의 농지법에는 체제를 전복하려는 나쁜 의도가 있다며, 호민관으로서 나라를 구하는 사명을 망각하지 말라고 설득했다. 이에 넘어간 옥타비우스가 결국 거부권을 행사하며, 개혁 운동은 첫 번째 위기에 직면했다.

어제의 벗이 오늘의 적이 되다

티베리우스도 물러서지 않았다. 오히려 더 강경한 태도를 취했다. 온건한 초안을 포기하고 더욱 가혹한 개정안을 제시한 것인데, 공유지를 몰수하되 보상금을 주기로 한 내용을 빼버렸다. 티베리우스와 옥타비우스는 공개적으로 논쟁을 벌였다. 티베리우스는 그가 많은 공유지를 보유하고 있어 더욱 개혁에 반대한다는 것을 알고, 사적으로 손실을 메꿔주겠다며 회유책을 쓰기도 했다. 이것마저 통하지 않자 평민의 참상을 보라며 거부권 철회를 눈물로 호소했다. 그런데도 옥타비우스는 마음을 바꾸지 않았다.

결국 티베리우스는 마지막 카드를 꺼내 들었다. 옥타비우스의 호민관 면직안을 민회에 제출했던 것이다. 안건이 통과되자마자 옥타비우스는 연단에서 끌려 내려졌다. 그 과정에서 한바탕 소동이 벌어졌고, 옥타비우스의 충직한 노예가 주인을 보호하려다 두 눈을 잃고 말았다. 옥타비우스의 후임으로는 티베리우스의 측근이 선출되었다. 곧이어 평민들의 지지에 힘입어 농지법이 민회에서 통과되었다. 농지법 전문이 전해지지는 않지만, 학자들의 연구를 종합해 핵심 내용을 정리하면 이렇다.

- 로마 시민은 누구라도 500유게라iugera• 이상의 공유지를 점유할 수 없다. 단 성년 아들이 있다면, 1인은 250유게라, 2인 이상은 500유게라를 추가해, 도합 1000유게라까지 점유할 수 있다. 그 이상은 국가가 몰수한다.
- 수용된 공유지는 추첨으로 로마 시민 1인당 30유게라까지 농경지로 배분한다. 단 해당 토지는 매년 소정의 지대를 내야 하고, 매각은 영구적으로 금지된다.
- 이 법을 집행하기 위해 '농지 분배 3인 위원회'를 구성한다. 3인은 그라쿠스 형제와 티베리우스의 장인이다.

정리하면 농지법은 공유지 보유 상한선을 정하고, 초과분을 몰수해 시민들에게 30유게라씩 분배하며, 공유지를 측량하고 분배할 위원회를 둔다는 내용이었다. 이때 위원회 구성원으로 티베리우스 자신과 그의 장인 그리고 동생 가이우스가 선임되었다. 결국 개혁 운동을 실행하기 위해 티베리우스의 친인척이 동원되었던 것이다.

• 1유게룸(iugerum, 유게라의 단수형)을 현재 단위로 환산하면 대략 2.5제곱킬로미터다. 따라서 500유게라는 12만 5000헥타르에 달한다.

개혁을 위한 개혁?

농지법이 통과되자 원로원의 반발은 더욱 거세졌다. 원로원에서 회의가 열릴 때마다 티베리우스에 대한 성토가 이어졌다. 특히 옥타비우스의 직위를 박탈함으로써 호민관의 신성 불가침성을 훼손한 것은 인격 모독이라고 목소리를 높였다. 이에 대해 티베리우스는 신성 불가침성이란 평민에게 봉사하라는 사명을 잘 감당케 하고자 부여한 것이기에, 평민에게 해로운 짓을 할 경우 호민관의 직위를 박탈하는 것은 당연하다고 논박했다. 즉 호민관이 평민의 이익을 저버린다면 이미 호민관이 아니라는 논리였다. 동시에 호민관은 민회의 과반수가 지지해 당선된 자이므로, 역시 민회에서 만장일치로 소환당해도 문제없다고 주장했다.

호민관의 거부권으로도 개혁을 막을 수 없게 된 원로원은 공금을 지급하지 않는 방식으로 티베리우스를 방해했다. 그러자 개혁 운동을 지지하는 평민들의 분노는 더욱더 끓어올랐다. 동시에 외부에서 도움의 손길을 건네는 자가 있었다. 소아시아(오늘날 아나톨리아반도)의 페르가몬을 다스리던 아탈로스 3세로, 그라쿠스 형제의 아버지와 피호被護 관계였던 그는 친로마 정책을 펼치고 있었다. 그는 죽기 직전 티베리우스의 개혁 운동이 자금난에 부닥쳤다는 소식을 들었다. 그러자 자신의 유산을 로마 시민에게 유증한다는 내용을 유서에 담았다. 그 유산이란 페르가몬 자체로, 실제 그

땅은 로마의 아시아 속주가 되었다. 이토록 파격적인 내용의 유서를 전달하러 온 사절단은 당연히 티베리우스의 집에 머물렀다. 유서를 본 티베리우스는 아탈로스 3세의 유산을 개혁 운동에 사용할 수 있도록 '아탈로스 3세의 돈에 관한 법'을 민회에 상정했다.

해당 법은 아탈로스 3세의 유산을 농기구 등 경작에 필요한 각종 도구를 마련하는 데 사용하고, 원로원은 이 유산에 아무런 권리가 없으니 민회에서 일을 처리한다는 내용이었다. 이 또한 원로원을 심각하게 모욕하고 무시하는 처사였다. 외교와 재정에 관한 주요 사항을 논의하고 집행을 조언하는 권한은 원로원에 있었기 때문이다.

시간이 흘러 어느덧 다음 해, 즉 기원전 132년의 호민관을 뽑을 시기가 되었다. 티베리우스의 지지자들은 원로원의 반발이 더욱 거세지는 것을 보고는 그가 재선해 개혁 운동을 이어가야 한다고 생각했다. 그런데 호민관 재선은 불법이 아니었지만, 그렇다고 바람직한 일도 아니었다. 참주가 되고자 한다고 오해받을 수 있었기 때문이다. 원로원과의 대립이 심화하는 상황에서는 더욱 그러했다. 그런데도 티베리우스는 절대 굽히지 않았다. 오히려 원로원의 권한과 권위를 위협하는 법안들, 예를 들어 군 복무 기간을 단축하는 법안, 재판에 불만이 있는 시민이 민회에 항소하게 하는 법안, 원로원 의원들로 구성되는 배심원단에 기사 신분 출신을 참여시키는 법안 등을 거침없이 발의했다.

개혁은 혁명보다 어렵다. 반대하는 자들을 일소하는 대신 설득해야하기 때문이다. 이때 나만 옳고, 따라서 나만 할 수 있다고 고집을 부리는 순간 개혁은 명분을 잃은 채 이권 다툼이 되어버린다. 이것이 바로 그라쿠스 형제의 실수였다.

증오와 혐오의 가짜 뉴스

이 법안들에 투표하기 위해 카피톨리움 언덕에 평민들이 모이자 티베리우스의 지지자들과 반대자들이 맞붙었다. 그때 그라쿠스 형제와 친했던 원로원 의원 마르쿠스 풀비우스 플라쿠스가 연단에 있던 티베리우스에게 원로원이 그들을 죽이고자 노예들을 무장시키고 있다는 소문을 전했다. 이를 들은 티베리우스의 지지자들도 그를 보호한다는 명분 아래 무장하기 시작했다. 그러면서 소란이 일었는데, 이에 의사소통이 어려워진 티베리우스가 목숨이 위태로워졌다는 뜻에서 손으로 머리를 만졌다.

이를 본 정적들은 그가 지지자들에게 왕관을 요구한다며 '가짜 뉴스'를 퍼뜨렸고, 이를 곧이곧대로 믿은 원로원은 분노로 요동쳤다. 특히 대신관 푸블리우스 코르넬리우스 스키피오 나시카 세라피오가 참주가 되려는 티베리우스와 그의 추종자들을 한시라도 빨리 제거하고 나라를 구하라며 집정관 스카이볼라를 압박했다. 그러나 스카이볼라는 자신이 먼저 폭력을 쓰지 않을 것이고, 정식 재판 없이 시민들을 처형할 수 없다며 움직이지 않았다. 만일 티베리우스가 평민들을 설득하거나 강요해 법을 통과시킨다고 해도 무효 처리할 것이니 안심하라고 타일렀다.

그러자 나시카는 집정관마저 나라를 배신했으니 직접 법을 수호하겠다고 선언하며, 사람들에게 무장을 갖추고 자신을 따르라고 외쳤다. 그렇게 몽둥이와 지팡이 따위로 무장한 원로원 의원들과 지지자들이 카피톨리움 언덕에 도착하자 큰 소동이 벌어졌고, 결국 티베리우스와 시민 300여 명이 죽고 말았다.

무엇이 문제였나

공화정이 시작된 이래 로마 시내에서 시민들의 분쟁이 유혈 사태로 번진 것은 처음 있는 일이었다. 그전에도 원로원과 평민의 이해관계가 종종 충돌했지만, 원로원은 평민을 두려워했고 평민은 원로원을 존중했기 때문에 양보와 타협으로 끝나곤 했다. 1세기 무렵의 전기 작가 플루타르코스는 이 사태에 대해 티베리우스의 지지자들이 3000명을 넘지 않았으므로, 예전처럼 평화적으로 해결될 수 있었을 것이라고 평했다. 그러나 티베리우스의 시신을 밤에 조용히 매장하게 해달라는 동생 가이우스의 청을 거절하고 티베리스강에 던져버릴 정도로 원로원의 분노가 컸다. 심지어 그의 지지자 중 일부는 재판도 없이 추방되거나 처형당했다.

그러면서도 원로원은 평민들의 반감을 달래기 위해 공유지를 분배하는 일과 죽은 티베리우스 대신 가이우스의 장인을 위원회 구성원으로 선출하는 일을 허용했다. 따라서 티베리우스가 살해된 뒤에도 공유지를 측량하고 몰수하고 분배하는 일이 기원전 129년까지 계속되었다. 그렇지만 티베리우스 살해를 주도한 나시카에 대한 평민들의 분노는 가시지 않았다. 그는 신성 불가침성을 가진 호민관을 죽여 그 피로 로마에서 가장 거룩하고 엄숙한 성소를 더럽힌 저주받은 참주라고 불렸다. 결국 그는 이탈리아반도를 몰래 빠져나가 이국땅을 방랑하다가 오래 지나지 않아 티베리우스 지지자들에게 살해당했다.

정리하면 티베리우스의 비타협적이고 강력한 개혁 추진과 이에 대한 원로원의 무모한 폭력 행사가 사회 위기를 증폭해 불신과 증오의 불씨를 심는 결과를 초래한 꼴이었다. 대화와 타협의 가치를 훼손하고 사태를 악화시킨 것은 개혁파였나 반개혁파였나. 누구의 책임이 더 컸을까.

형만 한 아우 가이우스의 등장

개혁 운동을 주도하던 티베리우스가 서른 살의 나이에 살해당한 사건은 가이우스에게 뼈아픈 상처를 남겼다. 당시 그는 소 스키피오 밑에서 누만티아인과 전쟁을 치르고 있었다. 다만 위원회의 한

죽임당하는 티베리우스와 그의 지지자들. 양보 없는 개혁 운동은 공화정 최
초의 유혈 사태로 마무리되었으니, 300여 명의 사망자가 발생하고 말았다.
바르텔 베함, 〈티베리우스〉, 1528.

그라쿠스 형제. 그들의 개
혁 법안을 상징하는 문서
위에 손을 포개 잡고 있다.
선견지명의 지도자들이었
지만, 말로는 처참했다. 외
젠 장밥티스트클로드 기
욤, 〈그라쿠스 형제 기념
비〉, 1848~1853, 오르세
미술관(프랑스, 파리).

사람이었으므로, 귀국 후 농지법 관련 업무를 보게 되었다.

농지법은 이탈리아반도의 동맹국들에도 영향을 미쳤다. 특히 개혁 대상이 된 이들이 소 스키피오를 찾아가 억울함을 호소했다. 기원전 129년 소 스키피오는 이들의 호소를 받아들여 위원회의 공유지 몰수 권한을 박탈했다. 이로써 위원회의 활동은 멈추었고, 티베리우스의 개혁 운동도 타격을 입었다. 이 일로 가이우스는 소 스키피오를 포함해 티베리우스의 개혁 운동에 반대하는 원로원의 힘이 예상했던 것보다 막강함을 실감했다. 그런데 얼마 지나지 않아 소 스키피오가 의문사했다. 당시 농지법을 둘러싼 내부 갈등이 얼마나 컸는지, 로마가 얼마나 분열되었는지를 상징하는 사건이었다.

이런 상황에서 가이우스가 당장 할 수 있는 일은 침묵이었다. 개혁 운동의 반대파는 그에게 형 같은 야망이 없다고 단정하고는 내심 안심했다. 물론 이는 오판이었다. 그는 때가 오기를 기다리며 수사학 공부에 열중했다. 예나 지금이나 지도자가 되고자 하는 사람은 말을 잘해야 한다. 말은 사람을 움직이는 힘이 있기 때문이다. 그리스에서 발전한 수사학은 로마로 전해지며 큰 인기를 누렸다. 수사학은 일종의 설득하는 기술로, 생각이나 이해관계가 충돌하는 상대를 말로써 논리적으로 제압하고 자신의 의지를 관철하는 도구였다. 이런 이유로 수사학의 가치가 가장 잘 드러나는 곳은 바로 법정이었다. 당시 로마에는 직업 변호사가 따로 있지 않았고, 언변에 능한 사람이 법정에서 친구나 가족을 옹호하고 상대의 주장을 논박했다. 그 능력이 곧 지도자의 자질을 가늠하는 척도로 여겨졌다. 법정 연설에서 능력을 인정받은 사람은 이후 대중 앞에서 법과 정책을 놓고 반대편과 공방을 벌이며, 또는 장례식이나 개선식 등의 중요한 의식에서 멋드러진 연설을 펼치며 지도자의 길을 닦았다.

그라쿠스 형제는 어머니의 세심한 교육 덕분에 연설에서 큰 재능을 발휘했다. 플루타르코스에 따르면 티베리우스의 연설은 부드럽고 차분해 사람들을 타이르듯 설득한 반면, 가이우스의 연설은 힘이 넘치고 불을 토하듯 뜨거워 사람들을 열광하게 했다. 잠행에 들어갔던 가이우스는 법정에서 친구를 변호하며 활동을 재개했다. 그의 연설에 청중은 우레와 같은 박수를 보내며 극찬했는데, 훗날 그라쿠스 형제의 개혁이 나라를 둘로 나눈 비극적 사건이라고 혹평했던 마르쿠스 툴리우스 키케로마저 칭찬할 정도였다. 티베리우스와 대립했던 귀족들은 가이우스가 좌절된 개혁 운동의 불씨를 되살리려 호민관에 나설까 봐 전전긍긍했다. 기원전 126년 재무관으로 선출된 가이우스는 집정관 루키우스 아우렐리우스 오레스테스를 따라 사르디니아 속주로 떠났다. 정적들의 바람과 달리 그는 2년 만에 돌아왔다. 그리고 당당히 호민관 선거에 출마해 당선되었다.

가장 중요한 먹고사는 문제

기원전 123년 호민관으로 선출된 가이우스는 형이 이루지 못한 개혁 운동의 불씨를 되살리는 작업에 착수했다. 기원전 2세기 중반 이후 원로원은 이탈리아반도에서는 포도나 올리브 같은 상품 작물 재배와 목축에 전념하고, 시칠리아, 사르디니아, 아프리카 등의 해외 속주에서는 주식인 밀을 들여오는 정책을 펼쳤다. 그러다 보니 지중해 전역에서 흉작이나 전쟁 등의 이유로 곡가가 폭등하면 식량을 수급하는 데 큰 차질이 빚어지곤 했다. 호민관으로서 가이우스가 제일 먼저 신경 쓴 것이 바로 이 문제였다. 그는 아사 직전의 일반 대중을 구하고자 노력했다. 일단 곡물법을 제정해 시민들이 시장 가격보다 싸게 곡물을 살 수 있도록 했다. 곡물법의 효과는 굉장히 좋아서, 이에 반대했던 귀족들도 곡물을 싼값에 배급받기 위해 줄을 설 정도였다.

물론 엄청난 양의 곡물을 안정적으로 공급하기 위해서는 더욱 종합적인 대책이 필요했다. 우선 곡물을 필요한 만큼 확보하는 게 중요했다. 이를 위해 속주의 곡물 생산을 독려했고, 동절기에는 수송이 어려우므로 하절기에 곡물을 들여와 비축해놓고자 창고를 더 많이 건설했다. 또한 곡물을 수송하는 육로도 정비했다. 관련해 창고법, 도로법 등이 추진되었다.

이러한 일에는 당연히 돈이 들었다. 그런데 재정권은 원로원의 수중에 있었다. 티베리우스의 개혁 운동을 저지하기 위해 수단과 방법을 가리지 않았던 그들이기에, 이번에도 별다른 지원을 기대할 수 없었다. 결국 티베리우스가 그러했듯이, 가이우스 또한 아시아 속주로 눈길을 돌렸다. 사실 그는 위원회에 속해 있던 시절부터 이러한 계획을 세운 터였다. 다만 티베리우스가 아탈로스 3세의 유산을 활용한 것에서 한발 더 나아가, 좀 더 안정적으로 재원을 마련하고자 했다. 즉 단순히 아시아 속주에서 세금을 거두어들이는 것 이상의 효과적인 방법을 모색했던 것이다.

공정이라는 최고의 명분

일단 가이우스는 아시아 속주에 10분의 1세, 광산세, 방목세, 노예 해방세를 부과하는 내용의 '아시아 속주 관세법'을 제정했다. 이 법에 따라 이오니아해와 마르마라해의 항구 도시들에서 출발한 배는 이탈리아반도로 들어올 때 관세를 내야 했다. 이를 위해 법은 임대인과 임차인의 정의, 임대 기간, 관세소 소재지, 관세소의 기능과 역할, 관세 및 면세 물품, 관세율, 관세 포탈과 밀수의 처리 등을 상세히 규정했다. 키케로의 말대로 아시아 속주는 로마의 '황금 당나귀'였다. 이곳의 세입은 다른 속주들을 크게 능가했는데, 그 규모가 로마의 예산 단위를 완전히 바꿀 정도였다.

문제는 아시아 속주의 막대한 세금을 어떻게 곡물 배급 사업에 투입할지였다. 당시 속주의 세금은 지방 정부가 직접 거두지 않고, 징세권을 임대받은 청부업자들이 받아냈다. 가이우스는 이 방식을 손보았는데, 5년짜리 징세권을 경쟁 입찰에 부쳐 낙찰받은 청부업자가 전체 비용을 선납한 다음 행사토록 한 것이었다. 이렇게 해서 가이우스는 복잡한 과정 없이 현금을 확보할 수 있었고, 이는 곧바로 곡물 배급 사업에 투입되었다.

아시아 속주의 재정을 투명하게 관리하는 조치가 뒤따랐다. 돈이 넘쳐나는 곳은 곧 치부의 기회도 많기에, 모든 집정관은 직을 마친 후 아시아 속주의 총독으로 부임하길 원했다. 이를 위해 원로원에 로비를 벌였고, 당연히 뇌물과 부정이 판을 쳤다. 가이우스는 이런 나쁜 관행을 뿌리 뽑기 위해 '집정관 관할 속주들에 관한 셈프로니우스 법'을 제정해 집정관 선거 전에 미리 그들이 부임할 속주를 정하도록 했다. 또한 속주에서 벌어지는 정무관들의 각종 비리와 재산 갈취를 다루는 재판의 배심원단은 원로원 의원이 아닌 기사 신분 출신으로 채우도록 해 동료 봐주기를 원천적으로 차단했다.

이처럼 가이우스는 평민들을 위한 여러 개혁안을 내놓았고, 설득력 있는 연설로 법제화에 성공해 일시적인 말 잔치가 되지 않도록 했다. 그러자 처음에는 그를 반대하던 사람들도 감탄하며 지지하는 쪽으로 돌아섰다. 또한 공무를 수행하며 토목 기술자, 외국 사절, 고위 관리, 일반 청년 등 누구를 만나더라도 고압적이지 않고 공평하며 정직한 태도로 대해 대중의 인기에 영합해 참주가 되려 한다는 의심을 불식시켰다. 뛰어난 정치가이자 연설가로서뿐 아니라 믿고 따를 만한 지도자임을 입증한 셈이었다.

기원전 122년의 집정관 선거가 다가오자 평민들은 가이우스의 공로에 보답하고 싶어 했다. 이에 가이우스는 그들에게 한 가지 부탁할 게 있다며 들어준다면 고맙겠고, 안 들어주어도 절대 원망하지 않겠다고 약속했다. 당연히 사람들은 그도 내심 집정관이 되고 싶어 하리라고 짐작했다. 그런데 선거 당일이 되자 그는 자신과 뜻을 달리하는 가이우스 판니우스를 집정관으로 뽑아달라고 연설했다. 평민들은 공감을 표하며 정말 판니우스를 집정관의 한 사람으로 선출했다. 이처럼 가이우스는 높은 인기에도 정무관 중 최고위직인 집정관의 자리에 연연하지 않았고, 개혁에만 몰두했다. 이에 평민들은 절대적인 지지를 보내며, 심지어 본인이 나서지 않았는데도, 다시 한번 그를 호민관으로 선출했다.

내가 아니면 안 된다는 착각

가이우스의 식을 줄 모르는 인기와 호민관 재선은 원로원의 시기심을 부추겼다. 그는 아랑곳하지 않고 새로운 개혁 정책을 추진했다. 이탈리아반도의 카푸아와 타렌툼에 새로운 식민시를 건설하고, 라티움 시민들에게 로마시민권을 주는 내용이었다. 로마시민권은 투표권과 피선거권을 포함했기에 굉장히 민감한 문제였다. 그런데도 가이우스는 이를 강행 처리하려 했으니, 원로원의 반감은 더욱 커졌고, 결국 개혁 운동을 좌절시키고자 또 다른 호민관 마르쿠스 리비우스 드루수스를 포섭했다. 드루수스는 문벌이나 교양 면에서 로마의 그 누구와 비교해도 뒤처지지 않았던 인물로, 명성과 권세, 재산을 두루 갖춘 유력자였다. 마침 그도 가이우스의 개혁 정책들이 로마의 전통과 원로원의 지도력을 흔드는 위험한 시도라고 생각해 망설임 없이 동조했다.

이처럼 호민관 중에는 출세를 위해 원로원과 협력하고, 다른 호민관들의 활동을 방해하는 이들이 종종 있었다. 앞서 소개한 티베리우스와 옥타비우스의 대립이 대표적인 사례다. 가이우스도 그의 형이 겪었던 것처럼, 원로원의 지지를 등에 업은 동료 호민관 드루수스의 반대 공작에 부닥친 셈이었다.

특히 거부권을 행사하는 등 티베리우스에게 정면으로 맞선 옥타비우스와 달리, 드루수스는 훨씬 약은 수를 썼다. 예를 들어, 원로원은 가이우스가 식민시 건설에 로마 시민들을 보내자고 하자 반대했지만, 드루수스가 무산 시민 3000명을 보내자고 하자 찬성했다. 또한 가이우스가 무산 시민들에게 토지를 나누어 주고 해마다 소작료를 받자고 하자 반대했지만, 드루수스가 소작료를 면제해주자고 하자 찬성했다. 이어서 가이우스가 라티움 시민들에게 로마시민권을 주자고 하자 반대했지만, 드루수스가 라티움 병사들에 대한 채찍질을 금지하자고 하자 찬성했다. 이에 발맞춰 드루수스는 원로원이 민회 못지않게 평민들의 이익을 위해 항상 노력하고 있다고 칭송했다. 원로원에 대한 평민들의 반감을 줄이는 데 힘썼던 것이다.

그렇게 드루수스는 본인이나 측근들의 이익이 아니라 평민들을 위해 활동하는 공정한 호민관이라는 인상을 주는 데 성공했다. 실제로 그는 식민시 건설을 직접 맡아 추진하면서도 다른 사람들에게 감독을 맡기고, 특히 회계에 관한 일에는 절대 손대지 않았다. 반면 가이우스는 대부분의 개혁 정책에 직접 관여했다.

판세가 뒤집어지다

이 와중에 이탈리아반도가 아닌 아프리카에 식민시 유노니아를 건설하기로 결정되어, 추첨으로 가이우스가 이 일을 맡게 되었다. 그가 자리를 비운 사이 드루수스는 반개혁 운동을 치밀하게 전개했다. 우선 가이우스의 친구로서 토지 분배 업무를 맡고 있던 풀비우스를 고발했다. 그가 이탈리아반도의 동맹국들을 선동해 반란을 일으키려 한다는 이유에서였다. 나중에 헛소문이라는 것이 밝혀졌지만, 가이우스의 인기는 추락하고 말았다. 그의 형처럼 가짜 뉴스에 당한 꼴이었다. 실제로 식민시 건설을 마치고 70일 만에 돌아온 가이우스의 상황은 썩 좋지 않았다.

마침 기원전 121년의 집정관 선거가 임박해 있었고, 지난해 가이우스가 지지한 판니우스가 당선되는 바람에 낙선한 루키우스 오피미우스가 재도전 중이었다. 이번에는 상황이 정반대라 가이우스의 인기가 예전만 못했으니, 결국 귀족들의 지지를 받은 오피미우스가 집정관으로 당선되었다. 가이우스 자신도 세 번째로 호민관 선거에 도전했으나 낙선의 고배를 마셔야만 했다.

원로원은 기다렸다는 듯이 지난 2년간 가이우스가 추진한 개혁 정책들을 전부 폐지하겠다고 공표했다. 만약 그가 발끈해 원로원에 도전하면 완전히 제거할 계획까지 세웠다. 개혁 정책들의 명운을 가르는 투표가 열리는 날, 카피톨리움 언덕으로 오피미우스를 필두로 한 보수파와 풀비우스를 앞세운 개혁파가 모두 모여들었다. 긴장감이 고조되는 와중에 오피미우스의 수행원 중 한 명이 개혁파가 휘두른 철필鐵筆에 찔려 사망하는 사건이 발생했다. 오피미우스는 이를 빌미로 원로원을 소집해 일종의 계엄령인 '원로원 비상 의결'을 선포하고 개혁파를 무력으로 응징했다. 이로써 개혁파 3000여 명이 재판도 없이 처형당했고, 가이우스는 자살로 생을 마감했다.

참주가 된 개혁가

그라쿠스 형제는 호민관으로서 평민을 위한 개혁을 과감히 밀어

붙이다가 형은 1년 만에, 동생은 2년 만에 정치 폭력의 희생양이 되고 말았다. 어느 시대나 개혁은 혁명 못지않게 성공하기 어렵다. 혁명이 기존 체제를 뒤엎고 새로운 체제를 만드는 것이라면, 개혁은 기존 체제 안에서 문제 해결 방법을 제시해야 하고, 따라서 반개혁파의 강력한 저항에 부닥칠 수밖에 없기 때문이다.

그라쿠스 형제의 문제의식은 명확했고, 개혁안도 적절했다. 당시 로마는 지중해 세계의 패권을 장악했으나, 그 와중에 중소 자영농의 몰락이라는 부작용이 발생했다. 이에 티베리우스는 근본적인 질문을 던졌다. 로마는 진정 누구의 나라인가. 소수의 원로원 의원과 부유한 평민이 성장의 열매를 독식했고, 다수의 일반 대중은 생존권마저 위협받으며 무산 시민이 된 채 로마시로 몰려들었다. 사회 위기, 정치 위기는 국방 위기로 이어져, 로마군은 누만티아인의 반란을 진압하지 못한 채, 오히려 수치스럽고 불명예스러운 조약을 체결하고 돌아와야 했다. 로마 사회 내부의 갈등이 쌓이고 쌓인 끝에 지중해 서부의 패권마저 위협받는 상황에 이르게 되었던 것이다.

티베리우스의 농지법, 가이우스의 곡물법 등 개혁 정책은 로마 사회의 근본적인 문제들을 적절히 해결할 터였다. 다만 그것을 추진하는 과정에서 공화정 초기의 타협과 소통의 정신은 사라지고, 극단적인 대치와 폭력만 난무하며 사회 갈등이 심화해 결국 로마는 길고 긴 내전의 수렁에 빠지고 말았다. 그런 점에서 키케로의 지적은 의미가 있다.

> 티베리우스의 죽음은, 아니 이미 죽기 전부터 저 호민관의 생각은
> 하나의 시민을 두 쪽으로 갈라놓았다.
> _키케로, 《국가론》 1권, 31절.

> 티베리우스는 왕위를 차지하려고 시도했는데, 아니 그는 실제로
> 수개월간 로마를 왕으로서 통치했다고 말하는 편이 낫겠다.
> _키케로, 《우정론》, 12장 41절.

이후 원로원을 중심으로 한 귀족파와 민회를 중심으로 한 평민파의 대립이 로마를 갈라놓았고, 이후 기원전 1세기에 접어들면 가이우스 마리우스와 루키우스 코르넬리우스 술라를 시작으로 군인 정치가들마저 끼어들어 혼란은 걷잡을 수 없는 수준에 이르렀다. 그러다가 초대 황제 아우구스투스가 평화 시대를 연 이후에야 그라쿠스 형제가 제시한 개혁 정책들은 비로소 실현될 수 있었다. 그들이 시대를 앞서 사회와 국가의 비전과 목표를 제시한 지도자로, 동시에 정치적 불통과 고집의 상징으로 평가받는 이유다.

로마의 역사

로마는 2000년이 넘는 역사만큼이나 다양한 모습으로 존재했다. 왕정에서 시작해 공화정을 거쳐 제정으로 이어졌으며, 결국에는 서로마제국과 동로마제국으로 분열해 차례차례 스러졌다. 이 책은 공화정에서 제정으로 이행하는 혼란기와 이후의 역사에서 활약한 지도자들을 소개하는데, 전체 로마 역사를 간단히 살피는 것은 그들의 삶과 업적을 이해하는 데 도움이 될 것이다.

왕정

기원전 8세기 이탈리아반도 중부의 티베리스강이 흐르는 라티움 지역에 사람들이 모여들어 여러 촌락을 만들었다. 이들 라틴인은 농업과 목축업에 종사했는데, 에트루리아인, 페니키아인, 그리스인 등과 교류하며 각종 문물을 도입해 로마 왕국의 기틀을 마련했다. 로마 왕국은 왕이 다스렸으며, 단순한 자문 기관인 원로원과 역시 매우 소극적인 역할만 한 민회, 백인대(켄투리아) 중심의 군대가 존재했다. 사회적으로는 피호 관계라는 독특한 제도가 만들어졌는데, 모든 사람이 누군가의 보호자이자 피보호자가 되어 서로 부조하는 것이 핵심이었다. 로마사 내내 유지된 이 제도는 어떠한 상황에서도 공동체의 결속을 강화해주었다.

공화정

기원전 509년 왕정이 무너지고 공화정이 들어섰다. 왕의 공백을 메운 것은 전통 있는 소수의 귀족 가문과 그들로 구성된 원로원이었다. 특히 공화정 초기에는 모든 기득권을 귀족들이 독점했기 때문에 평민들과의 갈등이 점차 커졌다. 이에 평민들은 실제로 투표 행위가 이루어지는 민회에 힘을 쏟게 되었고, 앞으로의 로마사는 원로원과 민회, 귀족과 평민의 경쟁과 갈등이 주가 될 터였다.

이 와중에 로마는 정복 전쟁을 벌여 끊임없이 세력을 넓혀갔다. 우선 삼니움족과 세 차례 싸워 승리하며 이탈리아반도 중부를 완전히 장악했다. 이후 라티움 동맹국들마저 제압했는데, 다만 그들의 자치는 보장해주었다. 이어서 그리스 세력마저 물리치며 이탈리아반도 남부까지 장악한 로마는, 한니발이라는 맞수를 꺾으며 지중해 세계 전역을 지배하게 되었다.

제정

각종 사회 문제와 모순이 축적되는 상황에서 통치해야 할 영토마저 넓어지니, 로마는 자연스레 강력한 통치자를 바라게 되었다. 공화정 말기의 혼란기를 거쳐 기원전 27년 최초의 황제 아우구스투스가 등장하며 제정이 들어섰다. 이후 로마는 200여 년간 최전성기를 맞았다. 하지만 인구 감소 문제, 속주민 융화 문제, 군대 유지 문제, 경제 문제 등이 겹치며 점차 쇠락했고, 훈족과 고트족 등의 외세 침입 문제까지 몰아치는 바람에 395년 무너지고 말았다. 이후 로마는 서로마제국과 동로마제국으로 나뉘어 명맥을 유지했는데, 서로마제국은 476년 게르만족의 침입으로, 동로마제국은 1453년 오스만제국의 침입으로 멸망했다.

2장

피를 부른
지도자의 근시안

루키우스 코르넬리우스 술라Lucius Cornelius Sulla
기원전 138년~기원전 78년

백 년 갈 당파는 없다

친구에게
선행을 베푸는 데
그를 따를 친구가 없었고,
적에게
악행을 저지르는 데
그를 따를 적이 없었노라.
_술라의 묘비명

그라쿠스 형제의 개혁 시도와 죽음 이후 로마는 민회와 원로원, 평민파와 귀족파로 쪼개졌다. 두 세력의 충돌은 기원전 1세기에 벌어진 내전으로 절정에 달했다. 그 중심에는 마리우스와 술라라는 두 군인 정치가의 치열한 경쟁이 있었는데, 복수가 복수를 낳고 피가 피를 부르는 참상이 하루가 멀다고 이어졌다. 포룸 로마눔에 정적의 머리를 효수한 것도 이때 처음 벌어진 일이었다. 이처럼 극심한 혼란기에 평민파를 이끈 마리우스는 이탈리아반도 지방 출신으로, 전쟁 영웅인 데다가 집정관을 일곱 차례나 역임한 입지전적인 인물이었다. 당시 로마 시민들은 그를 제3의 건국자라 부를 정도로 큰 지지를 보냈다.

마리우스의 맞수 술라는 유서 깊은 코르넬리우스 씨족 출신이었다. 이름 끝에 붙은 '행운아'라는 뜻의 별명 '펠릭스Felix'가 그의 삶을 잘 표현해준다. 가난한 집안에서 태어났지만, 다른 사람에게 큰 재산을 물려받아 평생 부유한 삶을 살았다. 여러 전쟁에서 기지와 뚝심을 발휘해 큰 전공을 세우며 집정관에 당선되기도 했다. 내전을 치르면서는 그의 추종자들조차 놀라게 할 정도의 잔인함과 권력욕을 내보였고, 끝내 거의 사문화된 독재관의 자리에, 그것도 임기가 무한한 종신독재관의 자리에 올랐다. 이후 원로원의 권한을 강화하는 여러 정책을 추진했으나, 시대의 흐름과 동떨어진 탓에 사후 대부분 백지화되었다. 이와 별개로 술라 본인은 종신독재관의 자리에서 3년 만에 은퇴해 회고록을 쓰며 조용히 살다가 60세의 나이로 숨을 거두었다. 적과 동포의 피로 물든 그의 삶을 생각했을 때, 너무나 편안한 죽음이었다. 그는 정말 행운아였다. 파란만장한 술라의 삶이 지도자의 양면성을 상징하는 이유다.

불우하고 방탕한 영재

코르넬리우스 씨족은 왕정 때부터 로마를 다스리던 몇 안 되는 혈통귀족이었다. 로마인들은 이런 씨족을 '아버지'라는 뜻의 '파트리키patricii'라 불렀는데, 그 영향력은 공화정이 들어선 후에도 여전했다. 실제로 아이밀리우스 씨족, 클라우디우스 씨족, 파비우스 씨족, 만니우스 씨족, 발레리우스 씨족과 함께 코르넬리우스 씨족은 가장 많은 집정관을 배출한 대씨족 중 하나였다. 그러나 조상 푸블리우스 코르넬리우스 루피누스가 은쟁반을 뇌물로 받았다가 원로원에서 쫓겨난 일을 계기로, 기원전 2세기 말부터 술라의 가문은 쇠락하기 시작했고, 기원전 138년 그가 태어났을 때는 몰락한 귀족에 불과했다. 실제로 이름에 가문명 '술라'가 들어가는 유력 정치인이 당시에는 단 한 명도 없었다. 이런 이유로 술라는 어떠한 재산도 물려받지 못했다. 훗날 플루타르코스가 그와 같이 산 해방 노예의 증언을 인용해 "아주 작은 셋방에서 비렁뱅이처럼 살았다"라고 기록했을 정도다.

이처럼 어려운 상황에서도 술라는 어려서부터 문학과 예술에 관심이 많았고, 연장선에서 그리스어를 열심히 공부했다. 그래서 교육 수준이 웬만한 귀족 가문의 자제만큼은 되었다. 또한 천성이 낙천적이어서 천대받던 배우나 가수 같은 하층민들과 거리낌 없이 어울렸고, 심지어 매춘부들과도 즐거이 지냈다. 그러던 중에 신분은 낮지만 부유한 연상녀 니코폴리스에게 사랑받아, 그녀의 재산을 모두 물려받았다. 자신을 무척이나 아껴준 계모에게도 막대한 재산을 물려받았으니, 이로써 정계에 발을 들일 수 있었다.

지도자는 지도자에게 배운다

기원전 107년 30세가 된 술라는 집정관이었던 마리우스 밑에서 재무관으로 일하게 되었다. 이는 그의 첫 정치 경력이었는데, 역설적이게도 훗날 이 둘은 정적 관계로 사활을 걸고 싸우게 될 터였다. 당시 마리우스는 유구르타전쟁에 참전 중이었다. 유구르타전쟁은 아프리카의 동맹국 누미디아가 로마에 반기를 들며 시작되었다. 누미디아는 40여 년 전 끝난 포에니전쟁에서 로마를 지원한 덕분에 그간 독립을 유지했다. 그런데 친로마 정책을 펼친 미킵사 왕이 죽으며 사태가 급변했다. 왕은 왕자들과 양자 유구르타에게 누미디아를 공동 통치하라고 유언했지만, 흑심을 품은 유구르타가 왕자들과 친로마계 세력을 물리치고 왕위를 독차지했던 것이다. 권력을 장악한 그에게 또 하나의 행운이 찾아왔으니, 게르만족과 로마가 맞붙은 킴브리전쟁이었다. 기근에 시달리다가 기원전 113년부터 본격적으로 남하한 게르만족은 죽기 살기로 싸웠고, 정예 중의 정예 로마군을 수차례 격파했다. 로마로서는 누미디아를 신경 쓸 상황이 아니었다. 이를 기회로 여긴 유구르타는 같은 해 누미디아에 와 있던 수많은 로마인과 이탈리아인을 학살하며 본격적으로 반로마 정책을 추진했다.

마리우스의 활약으로 킴브리전쟁에서 급한 불을 끈 원로원은 기원전 112년 유구르타에게 전쟁을 선포하고 군대를 파견했으나, 협상과 전투가 지지부진하게 이어질 뿐 해결의 기미는 보이지 않았다. 기원전 109년 원로원은 다시 한번 귀족파 지도자 퀸투스 카이킬리우스 메텔루스를 총사령관으로, 마리우스를 부사령관으로 삼아 군대를 파견했지만, 게릴라 전술을 구사하는 유구르타에게 제대로 대응하지 못하며 전쟁은 장기화할 조짐을 보였다. 당시 마리우스는 강력한 대응을 주장했는데, 메텔루스는 그가 지방 출신이라며 무시로 일관했다. 이에 참다못한 마리우스가 전선을 이탈해 로마로 돌아와 민회에 직접 전황을 보고했다.

전쟁의 장기화에 지쳐 있던 시민들은 마리우스를 새로운 대안으로 여겼다. 특히 평민들을 중심으로 그에게 호의적인 여론이, 비록 그리 크지는 않았어도 분명 존재했다. 이에 야심을 품은 그가 유구르타전쟁을 최대한 빨리 끝내겠다며 기원전 107년의 집정관 선거에 출마했는데, 모두의 예상을 깨고 덜컥 당선되었다. 로마로 돌아온 직후의 일이었다. 지방 출신의 정치계 신인이 순식간에 최고위직에 오른 이 일은 로마의 개방성과 역동성을 보여준 대표적 사례다. 당시 로마인들은 마리우스를 가리켜 가문에서 처음 집정관이 된 사람이라며, '신인 정치가'라는 뜻의 '노부스 호모novus homo'라 불렀다.

마리우스는 그동안 스스로 무장할 수 있는 유산 시민만을 징집하던 관행을 깨고, 신체 건강한 모든 시민에게 전쟁에 나갈 기회를 주는 군제 개혁을 단행했다. 이는 큰 변화를 초래했다. 일단 로마군의 전투 능력이 향상되었다. 하지만 무산 시민들이 충원된 탓에, 전리품을 나눠 주고 퇴역 후 생계 수단을 보장하는 장군에게 병사들이 더 복종하는 부작용이 발생했다. 한마디로 군대가 사병화되었던 것이다. 이는 극심한 내전의 씨앗이 되고 말았다.

어쨌든 마리우스는 군제 개혁으로 자신만의 병사들을 모집할 수 있었고, 이들의 총사령관이 되어 다시 누미디아로 향했다. 물론 이 일로 메텔루스와 완전히 갈라섰지만, 마리우스는 전장에서 승승장구하며 평민파의 지도자로 성장했다. 바로 이때 마리우스의 부관이 술라였다. 마리우스는 누미디아의 정규군은 무찔렀지만, 게릴라 전술로 맞서는 유구르타를 완전히 제압하지 못했다. 이런 상황에서 술라가 빛을 발했으니, 유구르타의 장인인 마우레타니아의 왕 보쿠스 1세와 손잡고 그를 생포하는 데 성공했던 것이다. 이로써 지지부진하게 이어지던 유구르타전쟁은 기원전 105년 로마의 승리로 막을 내렸다.

로마인들은 승리를 이끈 마리우스에게 환호를 보냈고, 그가 아직 아프리카에 있는데도 기원전 104년 다시 한번 집정관으로 선출했다. 로마에 없는 사람을 집정관으로 뽑은 것은 아주 드문 일이었는데, 사실 그럴 만한 사정이 있었다. 킴브리전쟁에서 로마군이 고전을 면치 못하고 있었기 때문이다. 기원전 105년 아라우시오전투에서는 로마군 8만여 명이 전사하기까지 했다. 게르만족의 남하를 멈출 수 없을 듯한 좌절감과 공포감이 로마를 뒤덮었다.

이런 상황에서 마리우스는 마지막 희망이었다. 게르만족과의 전쟁에 임하며 그는 이번에도 술라를 기용했고, 술라는 군사력과 정치력 면에서 언제나처럼 탁월한 능력을 보여주었다. 적의 우두

킴브리전쟁과 풍전등화의 로마. 이 전쟁에서 마리우스와 술라라는 두 영웅이 탄생했다. 조반니 바티스타 티에폴로, 〈베르첼리 전투〉, 1725~1729, 메트로폴리탄미술관(미국, 뉴욕).

머리를 생포하는 전공을 쌓기도 했고, 게르만족의 일파인 마르시족을 포섭해 쓸데없는 충돌을 피하는 외교력을 발휘하기도 했다. 이로써 50대 중반의 '정점' 마리우스와 30대 중반의 '떠오르는 별' 술라의 경쟁 구도가 만들어졌다. 그러면서 둘 사이는 자연스레 틀어졌다. 결국 기원전 102년 술라는 마리우스의 동료 집정관이면서 군사적 재능은 떨어졌던 퀸투스 루타티우스 카툴루스 카이사르의 부관으로 자리를 옮겼다. 이후 마리우스와 술라는 알프스산맥 인근과 이탈리아반도 북부에서 게르만족의 침입을 퇴치하고, 혼란을 틈타 반란을 일으킨 갈리아인을 정복하는 데 성공했다. 알프스산맥 너머가 바로 '야만족'의 땅 갈리아(오늘날 서유럽 일대)로, 로마는 이곳을 평정하기 위해 분투 중이었다.

'마리우스의 술라'에서 '마리우스 대 술라'로

기원전 97년 술라는 법무관이 되었고, 이듬해에는 킬리키아 속주의 총독으로 부임하며 차근차근 출셋길을 밟아나갔다. 그의 정치적 입지가 단단해진 결정적인 계기는 기원전 91년 이탈리아반도의 동맹국들이 반기를 들며 시작된 동맹국전쟁이었다. 동맹국들은 로마가 팽창하는 과정에서 정복당한 뒤 자치를 허락받은 상태였다. 따라서 로마가 요청하면 언제든 군대를 파견해야 했는데, 전쟁에서 승리하더라도 정당한 보상을 받지 못해 불만이 컸다. 이에 기원전 2세기 말부터 동맹국들은 여러 차례 로마시민권을 요구하는 운동을 벌이곤 했다. 로마 내부에도 미력하게나마 이에 동조하는 움직임이 있어, 가이우스 같은 개혁가들은 동맹국들의 요구를 반영한 법안을 민회에 제출하기도 했다. 그러나 로마의 귀족과 평민 모두 반대하는 분위기가 컸고, 이는 가이우스의 개혁이 실패하는 데 영향을 미쳤다. 기원전 91년에는 호민관 마르쿠스 리비우스 드루수스(가이우스의 정적 드루수스의 아들)가 같은 내용의 법안을 제출했다가 죽임당하는 일까지 벌어졌다. 결국 동맹국들은 로마에 대적해 '이탈리아'라는 연합 국가를 선포했다.

뒤늦게나마 사태의 심각성을 깨달은 원로원은 문제 해결을 위해 회유와 군사적 대응이라는 양면 작전을 수행했다. 무기를 내려놓은 동맹국에는 로마시민권을 약속했고, 강경 노선을 고수한 동맹국에는 군대를 보냄으로써 분열을 유도했다. 결국 많은 동맹국이 무기를 내려놓았지만, 몇몇은 끝까지 저항했다. 이때 마리우스를 포함한 장군들이 별 전과를 올리지 못한 반면, 술라는 마르시와 삼니움 등의 핵심 동맹국들을 상대로 승리를 거두며 명성을 이어갔다. 동맹국전쟁이 로마의 승리로 마무리되자, 기원전 89년 술라는 퀸투스 폼페이우스 루푸스와 함께 집정관으로 당선되었다. 또한 그는 귀족파의 수장 격인 카이킬리우스 메텔루스 가문의 메텔라와 결혼해 정치적 정체성을 분명히 했다. 당시 술라는 클로일리아라는 아내와 세 번째 결혼 생활 중이었는데, 그녀와 이혼하고 네 번째 결혼에 임한 것으로 매우 정략적인 선택이었다. 앞으로 그는 평민파 수장 마리우스와 사사건건 대결할 터였다.

지도자가 나르시시즘에 빠질 때

동맹국전쟁으로 어수선할 때 엎친 데 덮친 격으로 흑해 일대를 장악한 폰투스의 미트리다테스 6세마저 소아시아와 그리스 지역으로 세력을 넓히며 로마에 반기를 들었다. 아시아 속주에 거주하는 로마인과 이탈리아인 8만여 명을 학살한 미트리다테스 6세는 그리스 지역의 해방자를 자처했다. 이에 아테네를 포함한 그리스 지역의 대부분 도시가 그를 지지했다. 더는 두고 볼 수 없었던 로마는 기원전 88년 전쟁을 선포하고, 징집령을 발동했다.

　지중해 동부와 동방에서 펼쳐질 미트리다테스전쟁은 로마 장군들에게 군사적 능력을 뽐낼 절호의 기회였다. 명성을 쌓음은 물론이요, 전리품과 포로의 처분권까지 거머쥘 수 있었기 때문이다. 자연스레 총사령관이 누가 될지가 초미의 관심사로 떠올랐다. 하마평에 오르는 것만으로도 로마에서의 높은 위상을 짐작할 수 있었다. 물론 가장 강력한 후보는 평민파와 귀족파의 거두인 마리우스와 술라였다. 그들의 갈등이 최초로 표출된 순간이었다.

　마리우스는 유구르타전쟁과 킴브리전쟁에서의 전공을 내세웠다. 이에 맞서 술라는 유구르타를 생포함으로써 승리의 결정적인 계기를 마련한 건 본인이라고 주장했고, 더불어 동맹국전쟁에서의 전공을 내세웠다. 귀족파가 우세했던 원로원은 결국 술라에게 총사령관을 맡겼다.

이에 마리우스를 지지했던 평민파가 격렬히 반발했다. 귀족이었으나 평민파에 몸담기 위해 평민으로 신분을 이적한 호민관 푸블리우스 술피키우스 루푸스는 술라 대신 마리우스를 총사령관에 임명하는 것을 포함해 평민파에 유리한 개혁 법안들을 민회에 제출했다. 그러자 술라는 집정관의 권한을 이용해 민회가 열리는 날을 거듭해서 성일聖日로 지정했다. 쉽게 말해 공휴일로 지정해 법안 통과를 막은 것인데, 이 조치는 평민파를 자극해 폭동을 일으켰다. 신변에 위협을 느낀 술라는 황급히 성일 지정을 취소했고, 놀랍게도 그에게 마리우스가 자기 집을 은신처로 제공했다. 술라가 폭도를 피해 해외로 망명하면 자신이 손쉽게 총사령관이 되리라고 계산했기 때문이다.

로마를 공격한 로마군

그러나 마리우스의 생각은 완전히 빗나가고 말았다. 술라가 동맹국전쟁을 끝내기 위해 나폴리 근처 놀라를 포위하고 있던 자신의 군대를 급히 호출했던 것이다. 이로써 로마 역사상 최초의 내전이 벌어졌다. 마리우스가 자신이 지휘하는 병사들을 갖기 위해 행한 군제 개혁은 군대의 사병화라는 부메랑이 되어 그를 궁지에 몰아넣고 말았다.

술라의 군대는 로마시를 장악하는 과정에서 방화와 약탈을 일삼았고, 정적인 평민파뿐 아니라 무고한 시민까지도 닥치는 대로 죽여 공포 분위기를 조성했다. 가장 강하게 술라를 공격했던 술피키우스는 참수되어 포룸 로마눔에 머리가 걸리는 최초의 로마인이 되었다. 마리우스는 간신히 아프리카로 도망쳤다.

술라는 평민파의 개혁 법안들을 모두 폐기했고, 원로원을 중심으로 국가 질서를 회복하는 여러 조치를 단행했다. 우선 평민회에서 법을 제정하는 호민관의 핵심 권한을 폐지했고, 대신 켄투리아 민회의 입법권을 회복했다. 켄투리아 민회는 로마에서 예로부터 존재했던 민회 중 하나로, 켄투리아는 193개의 백인대를 의미했다. 이때 켄투리아마다 한 표씩 행사할 수 있었는데, 그중 과반인 98개가 귀족 등 기득권에 해당해, 이름만 민회이지 평민의 이익을 대변하지 못하는 구조였다. 또한 술라는 정무관이 새로운 법안을 민회에 제출하기 전에 반드시 원로원에 자문하도록 했다. 그러나 민심은 두 세력 사이에서 균형을 취했다. 기원전 88년 치러진 집정관 선거에서 평민파의 루키우스 코르넬리우스 킨나와 귀족파의 그나이우스 옥타비우스가 나란히 당선되었던 것이다. 게다가 술라는 미트리다테스 6세를 제압하러 가야 했기에 로마를 떠날 수밖에 없었다. 그는 킨나에게 자신이 취한 조치들을 지키겠다는 약속을 받아낸 뒤 군대를 이끌고 그리스 지역으로 향했다.

적폐 청산이라는 뫼비우스의 띠

그러나 킨나는 술라가 떠나자마자 그의 조치들을 철회하고 술피키우스가 제안했던 개혁 법안들을 다시 도입했다. 또한 아프리카에 있던 마리우스를 불러들였다. 복수심에 이를 갈던 마리우스는 식량 공급의 요충지인 항구 도시 오스티아를 점령하고 뱃길을 차단해 로마 시민들을 괴롭혔다. 얼마 안 가 로마시에 입성한 마리우스와 그의 병사들은 피의 복수를 벌였다. 술라를 지지했던 원로원 의원들의 머리를 포룸 로마눔에 걸어 공포 분위기를 조성했고, 그들의 토지와 재산을 몰수했다. 기원전 87년 마리우스는 다시 한번 집정관으로 당선되었다. 무려 7선이었다. 하지만 새해에 임기가 시작되고 며칠 지나지 않아 노환으로 죽고 말았으니, 그의 나이 71세였다. 백전노장답지 않은 허무한 최후였다. 이후 집정관이된 킨나가 사실상의 독재 정치를 이어가며 술라에게서 미트리다테스전쟁의 지휘권을 박탈했다.

기원전 87년 그리스 지역에 상륙한 술라는 겨우내 포위 작전을 펼쳐 이듬해 아테네를 정복하고 미트리다테스 6세의 지지 세력을 제거했다. 이후 그는 마케도니아 속주와 트라키아 속주를 지나며 로마의 지배권을 회복하고 소아시아로 건너갔다. 미트리다테스 6세는 자신을 지지했던 그리스 지역의 도시들이 힘없이 항복하고, 이제는 소아시아마저 빼앗길 처지가 되자 휴전을 청했다. 어서 돌아가 마리우스파에 복수할 생각뿐이었던 술라가 이를 받아들이니, 곧 평화 조약이 맺어졌다.

기원전 83년 봄, 자신에게 충성하는 3~4만 명의 병사를 거느린 술라가 이탈리아반도 남부의 항구 도시 브룬디시움에 상륙했다. 마리우스파는 군대를 보내 술라를 막으려 했지만, 역전의 용사였던 그는 너무나 강력했다. 마리우스파는 죽거나 항복하는 수밖에 없었다. 기원전 82년 로마시의 콜리나 성문에서 치열한 전투를 벌인 끝에 술라가 최종 승리를 거두었다. 로마는 다시 한번 무시무시한 공포 정치를 겪어야 했다.

복수는 복수를 낳는 법이다. 술라에게 저항했다가 포로가 된 이들은 모진 고문을 당하다가 끔찍하게 죽어갔다. 심지어 술라는 일종의 살생부인 '법익 박탈자 명단'을 공개했는데, 여기에 이름이 적힌 수많은 원로원 의원과 기사 신분 출신이 정적이라는 이유만으로, 또는 부유하다는 이유만으로 살해당했다. 물론 그들의 재산은 술라와 그의 지지자들이 나눠 가졌다. 이때 정적들이 소유했던 노예 수만 명이 해방되어 술라의 확고한 지지 세력이 되었다.

술라의 복수는 로마시를 넘어 이탈리아반도의 다른 도시들도 뒤흔들었다. 누구 편에 섰는지에 따라 처절한 대가를 치러야 했다. 프라이네스테, 플로렌티아 등이 철저히 파괴되었고, 주민들은 노

로마시를 파괴하는 술라. 그의 '적폐 청산'은 마리우스파의 절멸에 초점을 맞추었다. 이후 밀어붙인 개혁은 반동적 성격이 강해 오래 유지되지 못했다.

예로 팔려나갔다. 이렇게 해서 피로 피를 씻는 내전은 술라와 귀족파의 승리로 끝났다.

지도자 본 색	복수는 복수를 낳는다. 힘으로 상대를 억누르면 당장이라도 내 뜻을 실현하고 사회 안정을 이룰 것처럼 보이지만, 그 힘 자체가 영원할 수 없다. 내가 힘을 잃는 순간 상대가 발톱을 드러낼 것이고, 평화는 깨진다. 그런즉 복수의 연쇄를 끊는 지도자, 자신을 핍박한 상대를 용서하는 지도자는 위대하다.

개혁인가 반동인가: 다시 원로원으로

술라는 그라쿠스 형제의 개혁 이후 줄곧 흔들려온 원로원의 위상을 재건하고 국가 질서를 회복한다는 명분 아래 각종 조치를 단행했다. 정적들이 일소되기도 했거니와, 켄투리아 민회에서 종신독재관으로 임명되었기에 거칠 것이 없었다. 그는 자신이 내전 중에 저지른 모든 만행은 무질서를 바로잡고 국가를 재건하기 위한 불가피한 조치였다고 정당화했다. 종신독재관으로서 그의 권한은 법과 관습, 심지어 호민관의 거부권에도 구속되지 않았다. 본인이 사임하거나, 죽어야만 끝나는 절대적인 힘이었다.

술라가 행한 조치들을 자세히 살펴보면 이렇다. 앞서 설명했듯이 원로원에 힘을 실어주는 내용이 대부분이었는데, 우선 의원 수를 300명에서 600명으로 두 배나 늘렸다. 사회 변화에 능동적으로 대응하고, 내전을 치르며 희생된 만큼 보충한다는 이유에서였다. 300명의 신임 의원은 켄투리아 민회의 기병 켄투리아 18개와 이탈리아반도 내 동맹국들의 부유한 기사 신분 출신들로 채워졌다. 정무관 경력의 출발선인 재무관의 수를 12명에서 20명으로 늘리고, 임기가 끝나면 자동으로 원로원 의원이 되게 했다. 이로써 술라는 자신을 지지했던 신흥 세력들을 원로원에 입성시켜 지지 기반을 강화했다.

집정관이나 법무관이 아니라 원로원이 통수권을 갖게 한 것도 주요한 조치였다. 이로써 유사시 병사를 징집할 뿐 아니라, 장군을 선임하고 비상 대권을 주는 일까지 원로원의 몫이 되었다. 결국 술라는 전성기의 공화정처럼 원로원이 국가의 중심부로 기능하도록 꾀했던 것이다. 다만 그는 비상 대권을 부여받은 장군이 원로원의 통제를 무시하면 마땅한 해결책이 없다는 점을 예상하지 못했다.

이처럼 원로원의 힘을 강화하는 한편, 민회의 힘을 약화하는 조치도 실행했다. 특히 호민관에게 많은 규제를 가했다. 그 자리가 야심가들의 출세 통로가 되지 못하도록 퇴임 후에 더 높은 관직으로 나아가지 못하게 했다. 또한 호민관의 거부권을 개인의 법익 보호 차원으로 한정하고, 민회에 법안을 상정하는 권리마저 뺏어 손발을 잘랐다. 입법은 켄투리아 민회에서만 처리될 터였다.

연장선에서 행정과 사법 관련 조치도 취했다. 정무관의 정점에는 왕을 대체한 두 명의 집정관이 있었고, 그 아래로 법무관, 행정관, 재무관이 이어졌다. 술라는 정무관에 취임할 수 있는 나이를 제한했는데, 집정관은 43세로, 법무관은 40세로, 행정관은 33세로, 재무관은 30세로 정했다. 단지 인기만으로 정무관이 되는 일을 막기 위해서였다. 또한 어떤 정무관이라도 퇴임 후 10년이 지나야만 재선할 수 있게 했다. 두 명의 집정관과 여덟 명의 법무관은 재직 중에 이탈리아반도를 벗어날 수 없게 되었고, 군대를 모집하는 일도 금지되었다. 임기가 끝나면 집정관 대행, 법무관 대행의 직함을 단 총독으로서 원로원이 배정한 속주로 가야만 했다. 후일을 도모하지 못하도록 멀리 보내버리기 위해서였다. 이때 총독의 임기를 1년으로 못 박아 지역 유력자들과의 유착과 부패, 군대의 사병화를 원천 차단했다. 또한 원로원의 승인 없이는 어떠한 이유로도 관할 속주를 넘어가 전쟁을 치르지 못하게 했다.

　　술라는 상설 법정을 설치해 사법 제도에도 큰 영향을 미쳤다. 그때까지 재판은 민회에서 관장했는데, 이를 모두 상설 법정으로 이관해 원로원 의원들로 구성된 배심원단이 처리하게 했다. 총독의 직권 남용죄, 반역죄, 뇌물 수수죄, 위조죄, 공금 횡령죄, 살인죄, 폭행죄 등 7대 범죄를 중대 범죄로 분류하고, 각 범죄를 처리하는 법을 제정, 또는 개정했다. 상설 법정을 관장하기 위해 법무관의 수도 여섯 명에서 여덟 명으로 늘렸다. 이 조치는 로마 형법의 기초가 될 정도로 파급력이 굉장했다.

마지막으로 술라는 속주 제도도 손보았다. 원래 로마의 속주는 아홉 개였는데, 알프스산맥 안쪽의 갈리아 키살피나를 열 번째 속주로 추가했다. 알프스산맥을 넘어 침입해 들어오는 외세를 막기 위해 그곳에 총독을 파견하고, 수비대를 주둔시켰다.

자기 당파의 이익만 따진 지도자

이처럼 모든 것이 원로원 중심으로 재편되었다. 목적을 달성했다고 판단한 술라는 기원전 80년 불현듯 모든 자리를 내려놓았다. 이후 이탈리아반도 남부 캄파니아의 별장에서 조용히 회고록을 쓰며 여생을 보내다가 기원전 78년 사망했다.

술라의 조치가 로마 사회에 미친 영향은 무시할 수 없었다. 그라쿠스 형제의 개혁 노선을 계승한 평민파를 정치 무대에서 제거했고, 동시에 각종 현안을 풀어가는 데 지혜와 경륜을 보여준 공화정 전성기의 원로원을 되살리려 했다. 기사 신분 출신 300명을 의원으로 충원해 원로원을 강화한 것, 재판 절차를 손본 것, 정무관 체계를 새롭게 확립한 것, 속주 통치의 안정화를 추구한 것은 귀족파의 명분을 잘 대변한 조치들이었다.

그러나 술라는 로마가 지중해 세계의 패권을 장악하며 맞닥뜨린 새로운 사회 문제와 얽히고설킨 이해관계 그리고 일인자를 꿈

구는 군인 정치가들의 권력욕이 얼마나 거대한지 보지 못했다. 그런 점에서 시대착오적인 조치들이었고, 실제로 기원전 70년 집정관으로 취임한 그나이우스 폼페이우스 마그누스와 마르쿠스 리키니우스 크라수스가 호민관의 권한을 부활시킴으로써 상당 부분 철폐되었다. 한마디로 술라는 근시안적이었다. 무엇보다 유사시 원로원이 특정인에게 비상 대권을 줄 수 있게 한 것이 크나큰 패착이었다. 이렇게 권력을 쥔 장군들은 독자적인 사병 집단을 키웠고, 결국 군대의 정치화가 진행되었기 때문이다.

물론 술라 본인은 자신의 별명대로 행운아로 살다가 죽었다. 그러나 그가 밀어붙인 조치들은 오래가지 못했다. 원로원은 시대착오적인 권위 의식에 사로잡힌 채 대내외의 문제들을 해결하지 못했고, 특히 군인 정치가들을 통제하는 데 실패했다. 그 탓에 술라 사후 로마는 두 번의 삼두정치와 두 번의 내전이라는 혼란을 반복했다. 그래서 어떤 역사가는 그를 "공화국보다 권력을 사랑한 공화주의자"라고 풍자했는데, 적절한 표현이지 않을까 싶다.

로마사 최고의 아이러니

술라는 마리우스처럼 아프리카, 갈리아, 소아시아 등 여러 곳의 전쟁에서 승리하고 로마를 구한 장군이었다. 그는 군사적 능력뿐 아니라 권모술수와 외교력도 뛰어났다. 지지부진하던 유구르타전쟁에서 신출귀몰하던 유구르타를 사로잡았던 일이 대표적이다. 동맹국전쟁에서는 최고의 무공훈장인 풀잎관을 받으며 마리우스와 비견되는 명성을 얻었고, 결국 집정관에 당선되었다. 문제는 이후 귀족파의 우두머리로서 평민파와 강하게 충돌하며 잔인한 인간성과 끝없는 권력욕을 적나라하게 드러냈고, 이로써 로마가 내전의 소용돌이에 빠졌다는 것이다.

술라는 무명이던 젊은 시절뿐 아니라 권력의 정점에 섰을 때도 무절제했다. 희극 배우나 매춘부 같은 천대받던 하층민들과 어울리며 방탕한 생활을 그치지 않았다. 더 나쁜 것은 과도한 잔인성이었다. 그는 권력을 잡기 위해 로마시로 진군한 최초의 로마인이었다. 그 과정에서 정적들에게 피의 복수를 일삼았다. 그뿐 아니라 부유한 시민들을 법익 박탈자로 낙인찍어 처형하거나 추방하고, 그들의 재산을 몰수했다. 이런 식으로 빼앗은 재물은 자기를 지지하는 자들에게 값싸게 분배했다. "친구에게 선행을 베푸는 데 그를 따를 친구가 없었고, 적에게 악행을 저지르는 데 그를 따를 적이 없었노라"라는 스스로 쓴 묘비명이 이러한 그의 삶을 잘 대변한다.

공화정의 정무관들

로마인들은 '공화정'을 '레스 푸블리카(res publica)'라고 불렀는데, 직역하면 '공공의 것(부)'이다. 말 그대로 특정 개인의 문제가 아닌 모두의 문제를 다루는 것이 공화정이었다. 다만 민주정으로 볼 수는 없고 과두정의 성격이 강했으니, 귀족과 평민 유력자가 통치하되 그들이 전횡을 일삼지 못하도록 법과 제도로 견제하는 형태였다.

원로원과 민회

왕정 때와 마찬가지로 공화정 초기의 원로원은 귀족들로 구성된 자문 기관에 지나지 않았다. 하지만 정체政體가 자리 잡아갈수록 정무관의 활동과 민회에 상정되는 모든 법안에 공식적으로 충고하고, 재정을 관리하는 등의 막강한 권한을 지니게 되었다. 흥미로운 점은 이러한 권한이 어떤 법과 제도에 근거하기보다는 전통으로서 받아들여졌다는 것이다.

민회는 정무관이 낸 법안의 표결을 포함해 주요 국사를 논의하고 결정했는데, 평민이 자신들의 의지와 영향력을 드러낼 수 있는 곳이었다. 민회는 왕정 때 만들어진 쿠리아 민회와 켄투리아 민회, 공화정 때 만들어진 트리부스 민회와 평민회 등 총 네 개가 있었다. 쿠리아 민회는 최초의 민회로 가문(씨족과 부족의 중간)인 쿠리아를 중심으로, 켄투리아 민회는 켄투리아, 즉 백인대를 중심으로, 트리부스 민회는 부족의 지역구를 중심으로, 평민회는 말 그대로 평민들을 중심으로 각종 사안을 논의했다.

정무관

공화정에는 크게 일곱 개의 공직이 있었다. 이들 정무관은 각자 법에 따른 권한을 가지고 있었다. 모든 정무관은 상호성의 견제를 받았는데, 간단히 말해 모든 공직을 두 명 이상이 맡았다. 또한 정무관이 함부로 공권력을 사용하지 못하도록 로마 시민은 보호권으로 신분을 보장해주었다. 마지막으로 정무관의 임기는 1년으로 정하고, 특수한 경우를 제외하고는 이후 10년간 해당 공직에 오르지 못하게 했다.

정무관 중 최고위직은 집정관이었다. 정부 수반으로 원로원과 협의해 민회를 주재했다. 또한 통수권을 지녀 무소불위의 힘을 행사할 수 있었다.

전쟁이 끊이지 않았던 로마 특성상 정무관은 주로 해외의 전선에 나가 있었으므로, 안에서 국정을 운영할 공직이 필요해졌고, 이에 만들어진 것이 법무관이었다. 법무관도 속주의 통수권을 지녔으나, 주로 로마의 각종 행정 및 법 관련 사안을 처리하는 데 집중했다. 이런 이유로 법무관을 거쳐야만 집정관이 될 수 있었다.

집정관과 법무관만큼 강력한 공직이 감찰관이었다. 원래는 인구 조사와 재산 조사가 주요 업무였으나, 시간이 지날수록 원로원 의원을 임명하거나 내쫓을 수 있는 권한, 시민권을 최대 5년까지 박탈할 수 있는 권한, 각종 예산과 기금을 감사할 권한 등을 가지게 되었다. 후임자를 직접 골랐기 때문에 뒤탈도 없었다. 보통 권력자의 마지막 공직으로 선호되었다.

평민만을 위한 공직도 있었으니, 바로 호민관이었다. 민회에서 선출한 호민관은 평민의 이익을 대표했는데, 다른 정무관이나 원로원의 결정을 거부할 권한을 가지고 있었다. 또한 신성 불가침성을 보장받았다. 누구든 호민관에게 해를 끼치려 한다면 죽음을 각오해야 했다.

가장 특수한 공직은 독재관이었다. 국가 비상시 선출되며 임기는 최대 6개월로, 공화정의 전권을 위임받았다. 몇몇 야심가는 독재관의 임기를 늘리는 꼼수를 써 공화정 정신을 훼손하기도 했다.

이들처럼 막강한 권한을 행사하지는 않았어도 꼭 필요한 공직이 행정관이었다. 축제 관리부터 도로 보수까지 각종 행정 업무를 실질적으로 담당했다. 업무 특성상 대중의 인기를 쉽게 얻을 수 있었기 때문에 많은 야심가가 이 자리를 탐냈다. 집정관과 속주 총독을 보좌하며 재정 업무를 담당한 재무관도 권력자의 근거리에 있다는 점에서 좋은 자리였다.

정무관은 아니지만, 신관도 중요한 역할을 했다. 특히 민회의 개최일을 지정했는데, 이는 로마에서 정치와 종교가 얼마나 밀접하게 관련되어 있었는지 잘 보여준다.

3장

인민을 위한다는 명분, 또는 핑계

가이우스 율리우스 카이사르Gaius Iulius Caesar
기원전 100년~기원전 44년

유능한 포퓰리스트는
어떻게 독재자가 되는가

그런데 말이오. 그는 마치 로도스의 거상처럼
이 작은 세상에 가랑이를 벌리고 선 채
우리 평범한 인간은
그의 거대한 두 다리 밑으로 다니게 하면서,
우리에게 수치스러운 무덤을 찾아주려고
노리는 것 같소.
_윌리엄 셰익스피어, 《줄리우스 시저》

인류 역사에서 카이사르만큼 자주 회자되는 인물은 많지 않다. "주사위는 던져졌다", "왔노라, 보았노라, 이겼노라", "브루투스 너마저", "카이사르의 것은 카이사르에게" 등 그가 남겼거나, 그와 관련된 명언들은 여전히 즐겨 인용된다. 물론 유명한 사람이 으레 그렇듯이 평가는 상반된다. 여러 지역으로 쪼개져 있던 갈리아 전역을 속주로 편입하고 다양한 개혁을 밀어붙여 제국의 토대를 놓은 사실상 제정의 창건자로 칭송받는 동시에, 공화정의 상징인 원로원의 권위를 무시하고 독재를 꿈꾼 폭군으로 비난받기도 한다. 그러니 지도자가 되고자 하는 사람이라면 그의 삶이 주는 교훈을 유념해야 한다. 평생 '인민을 위해' 살다가 권력에 취한 끝에 갑작스럽게 죽임당한 카이사르의 생애에서 오늘날의 지도자는 무엇을 취하고 무엇을 버릴 것인가.

살얼음판을 걸은 유년기

카이사르는 기원전 100년 7월 15일 태어났다. 정확한 이름은 가이우스 율리우스 카이사르로, 각각 개인의 이름, 씨족의 이름, 가문의 이름에 해당한다. 즉 율리우스 씨족의 카이사르 가문에서 태어난 가이우스라는 뜻이다. 다만 가이우스라는 이름은 씨족과 가문을 가리지 않고 너무 흔해 카이사르로 부르는 것이다.

그의 아버지는 집정관의 바로 아래 단계인 법무관까지 올랐다. 어머니 아우렐리아는 학문으로 이름난 아우렐리우스 코타 가문 출신이었다. 카이사르가 훗날 장군이나 정치가로서뿐 아니라 문장가나 연설가로서도 명성을 얻은 것은 그의 초등 교육을 담당했던 어머니의 영향으로 추정된다. 그는 외아들이었고, 율리아라는 이름의 누나 둘이 있었다. 그중 둘째 누나의 외손자로 가이우스 옥타비우스 투리누스Gaius Octavius Thurinus란 인물이 있었다. 카이사르는 그를 양자이자 후계자로 삼겠다고 유언을 남겼는데, 이로써 옥타비우스는 가이우스 율리우스 카이사르 옥타비아누스Gaius Iulius Caesar Octavianus라는 이름을 얻게 되었다. 그가 바로 초대 황제 아우구스투스이니, 이래저래 카이사르는 공화정의 몰락과 불가분의 관계였다.

카이사르의 유년 시절은 알려진 바가 거의 없다. 당시 쓰인 전기들조차 그의 초기 생애는 침묵한 채 10대 중반의 이야기부터 시작한다. 그가 성년이 되기 전 이미 로마는 혼란스러운 상황이었다. 특히 그라쿠스 형제의 개혁을 계승하려는 평민파와 저지하려는 귀족파 사이의 다툼으로 분열이 극심했다. 여기에 군인 정치가들까지 등장하며 혼란이 가중되었다. 평민파나 귀족파 모두 권력을 잡으면 정적들을 잔인하게 숙청해 공포와 혼란을 불러왔다. 평민파의 수장 마리우스가 카이사르의 고모부였기 때문에 그는 본인의 의지와 무관하게 평민파로 분류되었다. 그런데 카이사르가 14세이던 기원전 86년 1월 초 마리우스가 71세의 나이로 숨을 거두었다. 7선 집정관으로 일한 지 13일 만이었다. 카이사르는 순식간에 강력한 정치적 보호막을 잃어버리고 말았다. 이를 미리 염려한 마리우스는 죽기 전 그의 오른팔 킨나와 협의해 카이사르를 유피테르 신전의 제관으로 임명했다.

기원전 84년 아버지마저 갑자기 죽는 바람에 카이사르는 어머니와 두 명의 누나를 책임져야 하는 '소년 가장'이 되었다. 같은 해 그는 약혼자였던 기사 신분 출신의 코스타를 버리고 평민파의 새로운 지도자 킨나의 딸 코르넬리아와 결혼함으로써, 평민파로서의 정체성을 분명히 했다. 기원전 87년부터 집정관 자리를 지킨 킨나의 영향 아래 귀족만이 맡을 수 있었던 유피테르 신전의 제관직도 문제없이 수행했다. 그러나 불운은 그치지 않았다. 킨나가 귀족파의 수장 술라와의 내전을 앞두고 뜻을 달리하는 부하에게 살해당했던 것이다. 킨나의 권력을 넘겨받은 동료 집정관 그나이우스 파피리우스 카르보는 술라의 진군을 막지 못했다.

기원전 82년 무력으로 로마를 장악한 술라는 곧 종신독재관의 자리에 올랐다. 곧이어 자신을 반대한 정적들의 명단을 공고하고, 잔인하게 제거하기 시작했다. 일단 명단에 이름이 적힌 자들은 누구나 죽여도 되었는데, 머리를 잘라 술라에게 가져가면 보상까지 받았다. 마리우스를 지지한 평민파와 재산이 많은 기사 신분 출신들이 그렇게 희생되었다. 희생자들의 재산은 몰수되어 경매에 부쳐졌는데, 대부분 헐값으로 술라 측근들의 손에 떨어졌다.

위기 가운데서도 지킬 것은 지키는 강단

술라의 폭정이 계속되던 때 카이사르는 18세 청년이었다. 그는 반술라파로 활동하지도 않았고, 재산도 많지 않았으며, 그렇다고 정적들의 명단에 오를 만큼 중요한 인물도 아니었다. 하지만 마리우스의 조카일 뿐 아니라 킨나의 사위였다는 사실이 문제였다. 술라는 킨나의 딸과 이혼하고 자신의 친척 중에 고른 여성과 결혼하면 사면을 고려하겠다고 카이사르를 회유했다. 그러나 그는 술라의 제안을 따르지 않았다. 술라의 측근이었던 퀸투스 폼페이우스 루푸스(술라의 동료 집정관이었던 폼페이우스의 아들)가 아내와 이혼하고 그의 의붓딸과 재혼한 것과 대조적이었다. 이에 미운털이 박힌 카이사르는 결혼할 때 코르넬리아에게 받은 지참금을 몰수당했고, 유피테르 신전의 제관직도 박탈당했다. 체포령마저 떨어지자 그는 로마시 북쪽의 사비니로 피신했다. 설상가상 말라리아에 걸려 아픈 몸을 이끌고 추적을 피해 다녀야 했다. 그러다가 한번은 술라의 병사들에게 붙잡혔는데, 많은 뇌물을 주고 겨우 풀려났다.

카이사르를 위기에서 구해준 것은 어머니였다. 그녀는 술라의 측근이었던 자신의 오빠 루키우스 아우렐리우스 코타에게 카이사르를 살려달라고 탄원했다. 부탁을 전해 들은 술라는 카이사르를 제거하려던 계획을 일단 접었다. 그러고는 앞날을 내다보기라도 한 듯이 "그 애송이에게 여러 명의 마리우스가 자라고 있다"라고 경고했다.

술라의 협박에 굽히지 않은 일은 이후 카이사르 영웅담의 좋은 소재가 되었다. 위기 속에서도 자신의 정체성을 지켰기 때문이다. 간신히 목숨을 건진 그는 경력도 쌓고 이목도 피할 겸 기원전 82년부터 술라가 죽는 기원전 78년까지 지중해 동부에 머물며 아시아 속주의 총독 마르쿠스 미누키우스 테르무스의 참모로 일했다. 10년 전 아버지가 그 지역을 통치했기 때문에 유력자들과 교제하며 인적 네트워크를 형성할 수 있었다.

기원전 80년 미누키우스가 레스보스섬의 주요 도시 뮈틸레네를 공략할 때 큰 공을 세운 카이사르는 시민관의 영예를 얻었다.

시민관은 전투 중에 위험을 무릅쓰고 동료 시민을 구한 군인에게 수여되는 일종의 훈장으로, 떡갈나무 잎으로 만든 관이었다. 이후 카이사르는 킬리키아 속주의 총독 푸블리우스 세르빌리우스 바티아 이사우리쿠스의 참모가 되어 해적 소탕 작전에 투입되었다.

그렇게 바쁜 나날을 보내던 중에, 종신독재관의 자리에서 스스로 물러난 술라가 죽었다는 소식이 들려왔다. 돌연 모든 자리를 내려놓은 술라를 보고 카이사르는 '정치 초보자'라고 조롱했지만, 훗날 그 자신이 종신독재관의 자리에서 살해당했음을 생각하면 역설적이다. 어쨌든 평민파와 귀족파의 내전은 술라의 죽음으로 마무리되었다. 하지만 권력 투쟁은 쉬이 끝나지 않았다. 술라의 부관이었던 그나이우스 폼페이우스 마그누스가 귀족파의 새 지도자로 세력을 키웠고, 그보다 여섯 살 어린 카이사르는 평민파의 재건을 위해 와신상담해야 했다.

청년 인권 변호사

기원전 78년 술라의 사망 소식을 들은 카이사르는 곧바로 돌아왔다. 정세는 불안정했지만, 로마는 여전히 귀족파의 세상이었다. 하지만 술라 이후 누가 지도자가 될 것인지가 문제였다. 특히 집정관 마르쿠스 아이밀리우스 레피두스와 귀족파의 주도권 다툼이 한창이었다. 레피두스는 22세에 불과한 청년 카이사르에게 함께

하자고 제안했다. 그의 가능성을 알아보았던 것이다. 그러나 섣부르게 나섰다가는 무슨 일을 당할지 알 수 없는 세상이었고, 아직 때가 아님을 잘 알았던 카이사르는 결국 그의 제안을 고사했다. 대신 의로운 일을 하며 자신의 이미지를 만들어가고자 했다. 가장 좋은 방법은 법정에서 변호인으로, 또는 고소인으로 활동하며 정의를 외치는 것이었다.

이때부터 카이사르는 로마의 지도자로서 알맞은 자질을 드러내기 시작했다. 지도자가 되려면, 아니 지도자라면 자기의 지위나 능력을 남을 위해 써야 한다는 가장 기본적인 태도를 보였던 것이다. 특히 약자를 위해 그리했다. 카이사르는 속주민과 로마 인민의 지지야말로 지도자에게 가장 소중한 자산이라는 것을 누구보다 확실히 알았다. 지중해 세계에 퍼져 살던 속주민들은 로마가 파견한 총독들의 탐욕에 시달릴 때가 많았고, 로마 시민도 권력자들의 횡포에 종종 억울하게 희생당했다. 특히 술라가 권력을 쥐고부터 정의를 수호하고 약자를 보호하기 위해 만들어진 법이 오히려 약자를 괴롭히는 경우가 많아졌다. '유전무죄 무전유죄'라는 말처럼 힘없고 배경 없는 자들은 예나 지금이나 억울한 일을 당할 가능성이 크다. 카이사르는 법정에서 변호인으로, 또는 고소인으로 약자들의 편에 서서 유력자들의 죄를 입증하기 위해 애썼다. 요즘 말로 '인권 변호사' 역할을 도맡았던 것이다.

기원전 77년 카이사르는 마케도니아 속주의 총독으로 있으며 전공을 세워 개선식까지 치른 집정관급 인사 그나이우스 코르넬리우스 돌라벨라를 고발했다. 그가 총독 시절 저지른 부정 축재에 피해를 본 마케도니아인들의 변호인으로 나섰던 것이다. 당시 돌라벨라는 귀족파의 거물급 인사였으니, 요즘으로 치면 23세의 청년 검사가 유력 정치인을 법정에 세운 꼴이었다. 돌라벨라의 변호인은 당대 최고의 연설가이자 카이사르의 외삼촌인 코타와 퀸투스 호르텐시우스 호르탈루스였다. 누가 봐도 너무나 불리한 싸움이었고, 결과적으로 돌라벨라는 무죄로 풀려났다. 그러나 이기지 못해도 정의를 외치는 것은 언제나 그 자체로 호소력이 있다. 카이사르는 명연설로 피고를 몰아세우며 청중의 마음을 사로잡았다. 기원전 76년에는 미트리다테스전쟁 중에 속주민들의 재산을 강탈하고 착복한 혐의로 가이우스 안토니우스 히브리다를 법정에 세웠다. 이 재판도 히브리다가 몇몇 호민관에게 도움을 청하는 바람에 유야무야 끝나고 말았다. 이처럼 카이사르는 비록 승리하지는 못했지만, 지배층의 부패를 폭로하고 약자를 위해 싸우는 정의의 투사 이미지를 각인시킴으로써 명성을 쌓아갔다.

두 재판에서 패배한 후인 기원전 75년 카이사르는 수사학의 본고장이었던 로도스섬으로 유학을 떠났다. 그곳에는 당대 최고의 수사학자 아폴로니우스 몰론이 지중해 전역에서 몰려든 학생들에게 수사학과 철학을 가르치는 학교가 있었다.

외적의 침략에 맞선 애국자

해적의 습격을 물리치는 등 우여곡절 끝에 로도스섬에 도착한 카이사르는 수사학 공부에 매진했다. 그는 선천적으로 쓰기와 말하기에 재능이 있었을 뿐 아니라 어머니에게 초등 교육을 잘 받아 기초가 탄탄했다. 그런 그에게 물론은 날개를 달아주었다. 문장가로서 그리고 연설가로서 카이사르의 능력은 이때의 공부에서 비롯되었다.

그러나 카이사르는 문인으로 남을 생각이 없었고, 정치와 군대에 더 큰 관심을 보였다. 키케로가 글과 말로써 국가에 봉사했다면 카이사르는 정치와 군대로써 실질적인 문제를 해결하고자 힘썼다. 실제로 기원전 73년 미트리다테스 6세가 다시 한번 아시아 속주를 침공하고 동맹국들의 영토를 유린하자, 카이사르는 고민 없이 공부를 중단하고 전투에 뛰어들었다. 비록 정식으로 지휘권을 받지는 못했지만, 로마의 통치권을 수호하고 동맹국들의 이탈을 막은 애국자로서 이름을 알렸다.

이러한 공적은 로마에도 알려졌고, 같은 해에 15인으로 구성된 신관단의 한 명인 코타가 죽자 카이사르가 신관으로 선임되었다. 정무관으로서 그의 첫 번째 경력이었다. 신관단에는 그가 참모로서 보좌했던 세르빌리우스도 있었다. 신관은 조점관 및 제관과 함께 귀족에게만 허용된 직책으로, 보통 원로원 내 유력자들의 차지였다. 따라서 카이사르가 신관이 된 것은 그의 정치적·군사적 능력을 인정한 이들이 있었음을 보여준다. 실제로 그는 기원전 63년 대신관의 자리까지 올랐다.

곧이어 그동안 쌓아놓은 명성을 발판 삼아 카이사르는 천부장직에 출마해 당선되었다. 당시 로마의 군단은 총 네 개였고, 각각 여섯 명의 천부장이 배치되어 있었다. 이때 스물네 명의 천부장 중 여섯 명만이 선거로 선출되었고, 나머지는 군단장이 임명했다. 선거로 뽑힌 천부장은 민회에서 인민의 지지를 받은 셈이었기에 이후 정치 경력을 쌓아가는 데 유리했다.

준비된 지도자 카이사르

로마는 대부분의 고대 사회처럼 소수의 귀족과 다수의 평민 사이에 차별이 있는 신분 사회였다. 그중 귀족은 다시 혈통귀족과 관직귀족으로 나뉘었다. 혈통귀족은 초대 왕 로물루스와 함께 원로원을 중심으로 로마를 건국하고 경영하는 데 참여했던 자들과 그후손들이었다. 왕정기에 이들은 정치, 경제, 군사, 사법, 종교 등 모든 면에서 우월한 지위를 누렸다. 이후 왕정이 몰락하고 도래한 '원로원과 로마 인민Senatus Populusque Romanus, S.P.Q.R.'의 시대, 즉 공화정기에 로마는 이탈리아반도를 통일하고 지중해의 패권을 장악했다. 공화정 초기의 원로원은 이전과 마찬가지로 귀족들로 구성되었다. 그러나 신분 투쟁이 전개되며 지위가 높아진 평민도 관직에 진출할 길이 열렸다. 결국 공화정의 최고 관직인 집정관의 한 자리를 평민이 차지하게 되었다. 원로원 의원이 되어 국가 경영에 참여하는 평민도 생겨났다. 이들이 바로 관직귀족으로, '신귀족'이라는 뜻의 '노빌레스nobiles'로 불렸다. 이후 귀족 신분은 자연스레 조상에게 관직을 물려받기보다는 전시 등 위기 상황에서 공을 쌓거나, 민회에서 인민의 지지를 받아 관직을 얻은 이들로 채워졌다. 기원전 82년 술라의 개혁 이후 관직에 오를 수 있는 나이 제한도 높아져, 그간 경력을 쌓고 자신의 능력을 증명한 사람만 정무관으로 일할 수 있었다.

이때 중요한 것이 민심이었다. 특히 카이사르가 살았던 공화정기 로마에서는 어떤 관직이라도 민회에서 투표로 선출한 사람에게 맡겼기 때문에 인민의 지지 없이는 합법적인 지도자가 될 수 없었다. 그때나 지금이나 사람들은 자신을 위해 일하리라는 확신이 드는 사람에게만 표를 주고, 거기에서 지도자의 권위가 비롯된다. 물론 힘으로 권력을 잡을 수는 있지만, 그것은 오래가지 못한다. 또한 지도자는 다양하고 복잡한 사안들을 해결할 실질적인 역량이 있어야 한다. 더 나아가 공무를 행할 때는 여러 사람의 도움이 필요하다. 정리하면 지도자는 인민의 지지 위에서 광범위한 인적 네트워크를 잘 활용할 수 있어야 한다. 그래야 능력을 제대로 발휘한다. 실제로 카이사르는 상하 간에, 또는 동료 간에 신의에 입각한 인간관계를 중시했다. 대외적으로 보더라도 로마의 지도자는 속주의 유력자들과 긴밀히 협조해야 했다. 그런 점에서 인간관계의 중요성을 잘 알고 있던 카이사르는 적절히 처신했다.

기원전 70년 7월 말경 카이사르는 30세의 나이에 재무관 선거에 출마해 당선되었다. 재무관은 매년 20명을 뽑았는데, 로마시에서 재정 업무를 보거나 속주 총독의 부관으로 파견되었다. 무엇보다 집정관까지 올라가는 승진 사다리의 첫 단계로, 원로원 의원 자격까지 얻는다는 점에서 젊은 야심가에게는 최고의 기회였다.

기원전 69년 카이사르는 히스파니아 울테리오르 속주로의 파견을 앞두고 두 번의 장례식을 치렀다. 집안의 두 여인, 즉 자신의 고모(마리우스의 아내) 율리아와 아내 코르넬리아가 모두 죽었던 것이다. 당시 귀족 가문은 장례식을 성대하게 거행하는 관행이 있었다. 우선 가보처럼 소중히 간직하는 조상들의 조각상을 전시해 가문의 위상을 과시했다. 장례 행렬은 포룸 로마눔까지 이어졌는데, 그곳의 연단에서 가문의 내력을 소개하고 고인을 추모했다. 카이사르는 율리아의 추모식에서 고모부이자 평민파의 거두였던 마리우스의 조각상을 들어 보였고, 그녀와 자신이 속한 율리우스 씨족이 베누스 여신의 후손임을 역설했다. 로마인들은 시조 아이네아스가 베누스 여신의 아들이라고 믿었으니, 이 행위의 파급력은 상당했다. 술라가 죽은 뒤에도 로마는 여전히 귀족파의 수중에 있었기에, 이 대담한 행동은 술라가 생전 예견했던 '제2의 마리우스'의 등장을 알리는 신호탄과 같았다. 몇몇 귀족이 비판했지만, 평민들은 카이사르의 행동을 열렬히 환영하며 마리우스의 영광이 부활했다고 외쳤다.

얼마 지나지 않아 외동딸 율리아를 낳아준 아내 코르넬리아가 30세의 젊은 나이로 죽자, 이번에도 카이사르는 장례식을 성대히 치르고 추모 연설을 했다. 추모 연설은 나이 많은 부인이 죽을 때만 하는 게 당시 관례였는데, 이를 깼던 것이다. 이 일로 카이사르는 사람들의 동정심을 얻었고, 인기는 더욱 높아졌다.

유능한 행정가, 또는 포퓰리스트

재무관으로서 카이사르는 히스파니아 울테리오르 속주의 총독 가이우스 안티스티우스 베투스를 보좌하게 되었다. 그의 주요 업무는 회계와 재정이었지만, 총독의 신임을 얻은 덕분에 다양한 경험을 쌓을 수 있었다. 그러면서 지역의 유력자들과 끈끈한 관계를 맺었다. 이는 훗날 큰 도움이 되었는데, 20년 후 이를 바탕으로 정적 폼페이우스의 거점인 히스파니아에서 자신의 지지 세력을 규합할 수 있었다. 또한 순회 재판을 담당하며 속주민들의 다양한 송사를 처리해, 지도자가 지녀야 할 안목과 역량을 키웠다.

기원전 67년 재무관 임기를 마치고 돌아오는 길에, 카이사르는 이탈리아반도 북부의 갈리아 키살피나 속주를 방문했다. 그곳은 이탈리아반도 안의 유일한 속주였다. 현지인들은 로마시민권이 아닌 라틴시민권만을 부여받아 불만이 많았다. 카이사르는 이들의 요구를 잘 기억했다가 훗날 힘이 생기자 이를 해결해주었다. 이처럼 카이사르는 인민의 목소리를 잘 살피고 상황에 맞춰 부드럽게 해결하는 지혜가 있었다.

여정을 마친 카이사르는 술라의 손녀 폼페이아와 재혼했다. 이후 기원전 65년 평민파의 비전을 시험하기 위해 행정관 선거에 출마했다. 행정관은 로마의 공공건물, 축제, 운동 경기, 연극 공연, 공문서 관리 등을 관장했다. 즉 시민들의 일상생활에 직결되는 일을 했기에 인기를 얻을 수 있는 좋은 자리였다.

카이사르는 이미 마리우스를 계승하는 정체성을 분명히 했기에 평민들의 지지를 쉽게 확보했다. 그러나 인기를 표로 연결하려면 돈이 필요했다. 뇌물을 통한 매표 행위가, 그때나 지금이나 불법이지만, 횡횡했기 때문이다. 결국 카이사르도 이 비용을 마련하고자 공식적으로 출마하기 전에만 1300달란트talentum•의 빚을 졌다. 이는 11만 명의 병력을 1년간 유지할 수 있는 정도의 천문학적 금액이었다. 이후 선거가 본격적으로 시작되자 빚은 계속해서 늘었다.

• 금화 1달란트는 은화 6000데나리이(denarii)로, 당시 노동자의 하루 품삯이 1데나리우스(denarius, 데나리이의 단수형)였다.

사람들은 짧고 덧없는 명성을 사기 위해 큰돈을 낭비하는 어리석은 사람이라며 그를 비난했다. 오직 플루타르코스만이 "가치가 엄청난 것을 헐값에 사들였다"라고 평했다.

이 일로 카이사르에게는 빚쟁이라는 이미지가 평생 따라다니게 되었다. 그가 보기에 돈은, 내 손에 있든 남의 손에 있든, 쓰라고 있는 것이었다. 내 손에 없으면 빌려서라도 쓰고 나중에 갚으면 된다! 그렇다면 카이사르는 누구에게 그 많은 빚을 졌을까. 바로 로마 최대의 부자 크라수스였다. 그는 폼페이우스의 경쟁자이자 정적으로, 정치 무대에서 기사 신분 출신을 대변하며 막강한 부를 쌓았다. 동방에서 쌓은 전공으로 명성이 자자하던 폼페이우스였기에, 혼자서는 상대하기 힘들겠다고 판단한 크라수스는 평민파의 떠오르는 별 카이사르와 손잡았다. 늘 돈이 필요했던 카이사르에게 크라수스는 든든한 후원자였다. 이렇게 두 사람은 훗날 제1차 삼두정치의 토대가 되는 힘과 능력을 주고받았다.

크라수스의 도움으로 결국 행정관이 된 카이사르는 사재를 털어 아피우스 가도를 연장하는 사업을 보조했고, 축제가 열리자 포룸 로마눔부터 카피톨리움 언덕까지를 각종 볼거리로 채우는 것은 물론이고, 임시 주랑을 설치해 강한 햇빛이나 비를 피하게 했다. 또한 그는 성대한 검투사 경기를 320회나 개최해 시민들을 열광하게 했다. 시민들의 지지를 등에 업은 카이사르는 마리우스의 동상과 빅토리아 여신의 동상을 카피톨리움 언덕에 다시 세웠다.

이 동상들은 술라가 권력을 잡았을 때 파괴되었던 것이다. 한밤중에 기습적으로 진행한 일이라 시민들은 해가 뜬 다음에야 알게 되었다. 이에 대다수 시민은 카이사르의 용기를 칭찬했지만, 반감을 품은 원로원 의원들은 비난을 쏟아냈다. 그러자 카이사르는 자신의 행위를 정당화하는 연설로 오히려 자신의 지지 기반을 공고히 했다.

비전을 제시하고 갈등을 봉합하다

기원전 63년 카이사르는 계속된 인기에 힘입어 대신관의 자리에 올랐다. 대신관은 종신직으로 로마 종교의 최고 우두머리였고, 귀족들이 선망하는 관직이었다. 이어서 기원전 62년에는 법무관에 취임했고,* 그다음 해에는 히스파니아 울테리오르 속주의 총독으로

---

* 그해 12월 카이사르의 관저에서 여성들만 참석할 수 있는 축제가 열렸다. 평소 카이사르의 아내 폼페이아를 연모하던 푸블리우스 클라우디우스 풀케르가 여장한 채 행사장에 몰래 들어왔다가 발각되었다. 귀족인데도 평민파였던 그는 이 외에도 여러 가지 죄를 지어 재판받았지만, 평민들의 지지로 풀려났다. 이후 그는 아예 평민으로 신분을 이적해 이름도 푸블리우스 클로디우스 풀케르로 바꾸었다. 한편 카이사르도 평민파로서 그의 무죄방면을 도왔는데, 정작 아내와는 이혼했다. "카이사르의 아내는 그런 행동을 해서도 안 되고, 그런 의심을 받아서도 안 된다"라는 이유에서였다.

파견되었다. 그곳에서 카이사르는 로마의 통치에 반항하던 칼라이키아인과 루시타니아인을 정복했다. 그리하여 '최고 사령관'이라는 뜻의 '임페라토르imperator' 칭호를 얻게 되었다. 기원전 60년 돌아온 카이사르는 집정관에 출마했는데, 부유한 루키우스 루케이우스와 공동 전선을 펼친 그는 귀족파가 지원한 마르쿠스 칼푸르니우스 비불루스와 함께 당선되었다.

카이사르의 힘이 갈수록 커지자, 원로원은 집정관이 임기를 마치고 총독으로 부임할 속주를 '숲과 들만 있는 곳'으로 한정하는 법을 제정했다. 그런 곳에서 총독은 목동을 보호하고 산림과 방목지의 치안을 유지하는 것 외에 할 일이 많지 않았다. 이로써 카이사르가 정치적 영향력을 행사할 여지를 원천 차단했다. 하지만 이처럼 강경한 공세는 원로원이 예상하지 못한 최악의 상황, 즉 삼두정치 탄생의 직접적인 계기가 되었다.

카이사르는 먼저 동방에서 큰 전공을 세우고도 정당한 대접을 받지 못해 원로원에 반감을 품고 있던 폼페이우스에게 손을 내밀었다. 또한 좋은 관계를 유지하고 있던 로마 최고의 부자 크라수스를 끌어들였다. 그런데 폼페이우스와 크라수스의 관계가 문제였다. 그 둘은 기원전 70년 함께 집정관으로 일했지만, 정책이나 이해관계에서 충돌할 때가 많았고 이후에도 경쟁하며 껄끄러운 사이였다. 카이사르의 탁월함은 서로 다투는 정치 선배들에게 힘을 합쳐 나라를 바로 세우자는 비전을 제시해 한배로 끌어들였다는 데 있다.

사실 폼페이우스와 크라수스는 그간 원로원에 무시당하며 큰 좌절감을 맛보고 있었다. 따라서 강력한 지도력을 지닌 집정관 카이사르와 손잡는다면 원로원과의 싸움에서 유리한 고지에 서는 셈이었다. 결국 기원전 60년 카이사르의 중재로 폼페이우스와 크라수스가 함께하는 삼두정치가 첫발을 내디뎠다. 이 셋은 중요한 공적 사안을 처리할 때 서로 지원하기로, 또 한 사람이라도 반대하는 법안은 통과되지 못하게 공조하기로 굳게 약속했다.

제1차 삼두정치는 20여 년 뒤 들어설 제2차 삼두정치와는 달리 은밀하게 추진된 사적 연합이어서 모든 사람에게 알려지기까지 시간이 걸렸다. 원로원은 자신들이 싫어하는 자들이 궁지에 몰린 끝에 서로 연합해 반격하리라는 정치적 계산을 하지 못했다. 이처럼 눈앞의 기득권을 고수하려다가 모든 것을 잃는 이른바 '꼴보수'의 어리석음이 2100여 년 전의 로마 원로원에도 만연했다. 기원전 59년 카이사르가 본격적으로 집정관 업무를 수행하고 나서야 그들은 비로소 세 사람이 손잡은 사실을 깨닫게 되었다.

카이사르는 서두르지 않았다. 먼저 원로원의 관행과 전통을 존중할 것처럼 행동했다. 그러나 이내 혁신적인 조치들을 단행했다. 대부분 인민을 위한 정책들이었다. 카이사르가 한 첫 번째 조치는 원로원과 민회의 회의록을 공개해 누구나 공적 조치들의 내용을 정확히 알 수 있게 한 것이었다. 요즘 말로 '정보 공개'에 해당하는

제1차 삼두정치. 오른쪽의 세 인물 중 왼쪽부터 카이사르, 폼페이우스, 크라수스다. 이 셋은 원로원의 견제에 맞서 손을 맞잡았다.

데, 이로써 인민의 알 권리를 확실히 보장했다. 카이사르는 겉으로 보이는 지도자의 이미지에도 신경 썼다. 당시 집정관이 행차할 때는 파스케스를 어깨에 멘 열두 명의 무사가 앞서가며 길을 트고 호위하는 게 일반적이었다. 파스케스는 여러 개의 나무 뭉치에 도끼날을 묶은 것인데, 무기인 동시에 결속과 힘의 상징이었다. 카이사르는 자기가 직무를 수행하지 않는 달에는 단지 한 명의 비서와 파스케스를 들지 않은 수행원만 뒤따르게 하겠다고 선언했다. 이는 과거의 관행을 되살린 것으로, 최초의 '이미지 정치'라고 할 만하다.

이어서 폼페이우스가 갈망하던 농지분배법을 원로원에 제안했다. 첫 번째 발언권은 크라수스에게, 두 번째 발언권은 폼페이우스에게 주어졌다. 그 둘은 당연히 찬성했다. 정적 마르쿠스 포르키우스 카토 우티켄시스는 취지는 공감하나 시기가 부적절하다며 반대를 표했는데, 발언을 질질 끌며 의사 진행을 방해했다. 일종의 '필리버스터'를 했던 것이다. 결국 원로원에서 더는 논의가 진척되지 못하자 카이사르는 다음 날 민회에 법안을 상정했다. 이에 카토와 동료 집정관 비불루스 등이 반대하며 한바탕 소동을 일으켰지만, 법안은 결국 민회를 통과했다. 카이사르의 대담한 행보로 기원전 59년은 "카이사르와 비불루스가 아니라 율리우스와 카이사르가 집정관이었던 해"로 불렸고, 이에 마음이 상한 비불루스는 아예 집 밖으로 나오지 않았다. 농지분배법에 이어 폼페이우스가 동방에서 취한 각종 조치도 민회에서 비준되었다.

기사 신분 출신들의 대부였던 크라수스와 관련해서는 아시아 속주의 징수원들을 위해 세액의 3분의 1을 감면하는 법안이 통과되었다. 당시 동방의 징세 업무는 기사 신분 출신들이 주로 맡았는데, 해당 지역의 혼란한 정세 탓에 애초 계획한 만큼 세금을 거두기 어려웠기 때문이다. 그리고 앞으로는 무모하게 세액을 책정하지 않도록 경고했다. 그 외에도 여러 개혁 법안이 통과되었다.

업적은 만인에게 알려라

기원전 59년 봄에는 카이사르의 정치 인생에서 중요한 두 건의 결혼이 있었다. 우선 폼페이아와 이혼한 후 혼자 살던 그가 루키우스 칼푸르니우스 피소 카이소니누스의 딸 칼푸르니아와 결혼했다. 정략결혼의 효과는 곧바로 나타났다. 기원전 58년 피소는 카이사르의 뒤를 이어 집정관으로 취임했다. 집정관 임기를 마친 카이사르로서는 든든한 후원자가 생긴 셈이었다. 비슷한 시기 카이사르는 외동딸 율리아를 폼페이우스와 결혼시켰다. 폼페이우스는 정치적 계산에 따라 최소 여섯 번에서 최대 여덟 번 결혼했다고 알려졌는데, 따라서 카이사르가 자신보다 여섯 살이나 어리다는 것쯤은, 세력을 강화할 수만 있다면 그에게 아무런 문제가 되지 않았다.

삼두정치와 정략결혼으로 정치적 기반을 단단히 다진 카이사르는 기원전 58년 초 갈리아 속주의 총독으로 부임해 인생 후반기를 시작했다. 그곳에서의 경험은 그가 또 한 번 비상하는 계기가 되었다. 사실 법에 따라 숲과 들만 있는 곳으로 가야 했으나, 해당 지역의 총독으로 원래 임명된 퀸투스 카이킬리우스 메텔루스 켈레르가 때마침 병사해 대신할 수 있었다. 운까지 따랐던 셈이다.

카이사르는 갈리아의 여러 지역 중 갈리아 키살피나 속주와 갈리아 트란살피나 속주 그리고 오늘날의 발칸반도 일대인 일리리아 속주의 총독으로 부임했다. 이후 9년간 반란을 진압하거나 외적과 싸우며 갈리아 전역을 정복했다. 가이우스 플리니우스 세쿤두스(대大 플리니우스)에 따르면 카이사르는 평생 50여 회의 대규모 전투를 치렀고 대부분 승리를 거두었는데, 그중 30여 회는 갈리아에서 싸운 것이었다. 이 정도의 전공은 고대 그리스와 로마를 통틀어, 아니 근대에 이르기까지 서양의 그 누구도 넘볼 수 없는 업적이다. 그뿐 아니라 카이사르는 자신의 경험을 간결하고 명쾌한 문장으로 남겼다. 이렇게 탄생한《갈리아 전쟁기》는 라틴어로 쓰인 가장 빛나는 문학 작품으로 칭송받는데, 기원전 46년 그의 독재에 반감을 품은 키케로마저 칭찬을 아끼지 않았다. "이것보다 간결하고 명료한 역사 서술은 없다"라는 것이 키케로의 평이었다. 그러나《갈리아 전쟁기》는 단순한 문학 작품이 아니었다. 카이사르가 동료와 정적 그리고 인민에게 자신이 건재하고, 로마를 위해

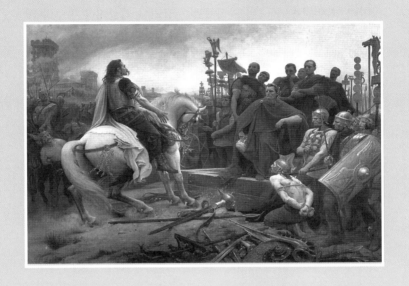

갈리아 전역을 정복한 카이사르. 그의 전공은 누구도 넘볼 수 없는 업적이었다. 리오넬노엘 로이어, 〈카이사르의 발 앞에 무기를 내려놓는 (갈리아족의 수장) 베르킨게토릭스〉, 1899, 크로자티에미술관(프랑스, 오베르뉴).

큰일을 하고 있음을 알리는 생생한 현장 중계방송이었다.

카이사르가 갈리아에서 생사를 넘나들 9년 동안 삼두정치의 두 동료와 원로원 사이에서는 권력을 둘러싼 암투와 소요가 끊이지 않았다. 기원전 56년 4월 카이사르는 갈리아 키살피나 속주의 라벤나에서 폼페이우스가 키케로와 제휴해 귀족파로 넘어가려 한다는 소식을 크라수스에게 듣게 되었다. 이는 곧 삼두정치의 붕괴를 뜻했다. 카이사르는 3자 회동을 주선해 위기에 처한 삼두정치를 재건했다. 우선 다음 해의 집정관으로 폼페이우스와 크라수스를 선출하기로 결의했다. 이후 폼페이우스는 히스파니아 속주를, 크라수스는 시리아 속주를 맡고, 카이사르는 갈리아 속주의 총독을 5년 더 맡기로 합의했다. 이렇게 위기는 수습되어 삼두정치는 최소한 5년은 더 유지될 것으로 보였다.

지도자의 판단은 신속하고 대담하다

그런데 폼페이우스와 크라수스의 집정관 임기가 끝나자 예상치 못한 상황이 전개되었다. 일단 폼페이우스와 결혼했던 율리아가 기원전 54년 출산 중에 죽고 말았다. 이로써 카이사르와 폼페이우스의 사적 관계가 끊어졌다. 더 심각한 문제는 이듬해 봄에 발생했다. 크라수스가 일곱 개 군단, 4만 명의 병사를 이끌고 파르티아 원정에 나섰다가 괴멸당하고 군기를 빼앗기는 수모를 겪었다. 파르티아는 과거 알렉산드로스 대왕에게 정복당해 사라진 페르시아의 뒤를 이은 세력으로, 기원전 1세기 로마의 동부를 위협하는 강력한 세력이었다. 이렇게 삼두정치의 한 축이 무너지자, 결국 카이사르와 폼페이우스의 양자 대결 구도가 만들어졌다. 카이사르는 기원전 52년 알레시아전투를 승리로 이끌며 마침내 갈리아 전체를 로마의 지배하에 두는 데 성공했다. 그러자 위기감을 느낀 원로원이 폼페이우스를 단독 집정관으로 선임했다. 관계 정상화를 위한 카이사르의 이런저런 노력을 무시하던 폼페이우스와 원로원은 기원전 49년 새해 첫날 그에게 소환령을 내리니, 이는 내전의 신호탄이었다.

정확히 12일 후 카이사르는 갈리아 키살피나 속주와 로마시 사이의 자연 경계선인 루비콘강을 건넜다. 저 유명한 "주사위는 던져졌다"라는 말과 함께 쿠데타를 감행했던 것이다. 폼페이우스와 그를 지지한 많은 귀족파가 그리스 지역으로 도주했고, 로마시는 카이사르의 수중에 떨어졌다. 기원전 58년 이래 9년 동안 목숨을 걸고 갈리아 전체를 로마에 바친 전쟁 영웅 카이사르는 결국 쿠데타의 승자로 로마시에 입성했다.

카이사르는 로마시에 남아 있던 원로원 의원들을 소집해 협조를 당부하고 자신이 약속한 조치들을 이행하기 시작했다. 우선 갈리아 키살피나 속주민들에게 로마시민권을 부여하는 법안을 제정했다. 이후 측근들에게 통치를 맡기고 폼페이우스파가 장악한 히스파니아로 출정해 40일 만에 장악했다. 그사이 로마시에 남아 있던 레피두스가 카이사르를 독재관으로 선임하는 특별법을 제정했다. 히스파니아에서 돌아와 독재관의 자리에 오른 카이사르는 민생 안정을 첫 번째 과제로 내세웠다. 고리대에 시달리던 채무자들의 빚을 경감하고, 내전으로 망가진 경제를 되살리는 일에 주력했다. 이어서 술라나 폼페이우스에게 억울하게 재산을 몰수당하고 추방당한 사람들의 로마시민권과 재산을 회복해주었다. 이때 혜택을 입은 많은 사람이 그의 지지자가 되었다. 이에 힘입어 다음 해인 기원전 48년의 집정관을 뽑는 선거에서 푸빌리우스 세르빌리우스 이사우리쿠스(참모로서 보좌했던 세르빌리우스의 아들)와 함께 당선되었다.

카이사르가 안정적으로 권력을 강화하는 동안 그리스 지역으로 망명한 폼페이우스도 지지 세력을 모으고 있었다. 한때 해적들을 소탕하는 등 나름대로 영향력을 발휘한 그였기에 망명지 외에도 소아시아와 이집트의 군주와 총독들이 그를 후원했다.

기원전 48년 1월 카이사르는 전매특허인 신속성과 대담성을 발휘해 군대를 이끌고 겨울 바다를 갈라 그리스 지역의 서해안에 상륙했다. 물론 폼페이우스의 방어 또한 만만치 않아서 초반에는 카이사르가 고전을 면치 못했다. 그러나 그해 여름 파르살루스 평원에서 대접전을 벌인 끝에 카이사르가 승리를 거머쥐었다. 이집트로 도망한 폼페이우스는 망명을 받아주는 척 시늉만 하던 프톨레마이오스 13세의 측근들에게 잔인하게 살해당했다.* 기원전 60년 말 삼두정치가 출범한 지 12년 만에 카이사르가 로마의 일인자로 등극하는 순간이었다. 바야흐로 그의 시대였다.

정적을 포용하는 관용

폼페이우스가 몰락하자 승산이 없음을 안 카토는 포로가 되는 치욕을 겪는 대신 스스로 목숨을 끊음으로써 '공화정의 순교자'가 되었다. 기원전 46년 돌아온 카이사르는 지금까지의 승리를 기념하는 대대적인 개선식을 네 차례에 걸쳐 진행했다. 장엄한 동시에 화려한 행렬은 그 자체로 축제였고, 수많은 전리품을 나눠 받은 시민들과 병사들은 카이사르를 열렬히 찬양했다. 그러나 기원전

• 폼페이우스의 비참한 죽음에 당장은 정적이나, 한때 절친한 동료였던 카이사르는 크게 분노했다. 그는 폼페이우스를 죽인 자들을 처단하라고 명했다. 바로 이때 등장한 인물이 클레오파트라였다. 그녀는 동생 프톨레마이오스 13세에 의해 권좌에서 물러나 있었다. 카이사르는 동맹국 이집트의 안정을 위해 둘을 화해시키려 했으나, 프톨레마이오스 13세 측의 반발로 알렉산드리아전쟁이 발발했다. 결국 승리한 카이사르는 클레오파트라와 그녀의 또 다른 동생 프톨레마이오스 14세를 공동 파라오로 등극시켰다. 카이사르는 철저히 외교와 안보라는 차원에서 클레오파트라와의 관계를 이어갔다. 둘 사이에는 프톨레마이오스 카이사리온이라는 아들도 태어났는데, 카이사르는 그들을 위한 어떠한 유언도 남기지 않았다.

45년 히스파니아에서 카이사르에 반대하는 속주민들의 마지막 반란이 일어났다. 이 틈에 폼페이우스의 두 아들 그나이우스 폼페이우스 마그누스와 섹스투스 폼페이우스 마그누스 피우스, 카이사르의 충실한 부하였다가 폼페이우스와 손잡은 티투스 라비에누스가 카이사르에게 반기를 들었다. 그렇게 벌어진 문다전투에서 양측 모두 큰 희생을 치렀고, 카이사르는 아주 힘겹게 승리를 거둘 수 있었다. 이로써 카이사르에 반대하는 세력은 더는 존재하지 않게 되었다.

험한 시기를 보낸 이후 카이사르가 보여준 것은 복수가 아닌 관용이었다. 폼페이우스는 카이사르에게 대항하지 않는 사람은 모두 적으로 간주하겠다고 선언했지만, 카이사르는 자신에게 적극적으로 대항하지 않는 사람은 모두 같은 편으로 간주하겠다고 선언했다. 파르살루스 평원에서 전투를 벌일 때 동포의 목숨은 거두지 않았고, 승리한 뒤에는 병사 전원에게 누구든 한 사람은 살려주어도 된다고 허락했다.

심지어 정적들이 정무관에 취임하거나 군대를 지휘하는 것마저 허용했다. 시민들이 파괴한 술라와 폼페이우스의 동상도 다시 세워주었다. 자신을 향해 어떤 음모를 꾸미거나 대놓고 비방해도 제약을 가하는 정도로 끝냈다. 훗날 카이사르에게 칼을 꽂은 공화파도 대부분 그에게 사면받은 자들이었다.

기득권 해체로 이룬 정치 개혁

카이사르에게 가장 시급한 과제는 내전의 상처를 치유하고 평화를 구축하는 것이었다. 그는 쿠데타로 갑자기 등장한 폭군이 아니었다. 반대로 지난 30여 년간 이어진 권력 투쟁으로 얼마나 큰 혼란과 비극이 반복되었는지 잘 아는 인물이었다. 이때부터 지도자로서 카이사르의 능력이 본격적으로 발휘되었다. 그는 이탈리아 반도의 작은 도시국가에서 지중해를 아우르는 패권 국가로 성장한 로마가 그에 걸맞은 모습이 되도록 전면적인 개혁을 단행했다.

지도자는 국가 운영의 중심, 즉 법과 제도가 인민을 위해 제대로 작동하는지 감시해야 한다. 지배층이 국가를 사익 추구의 수단으로 이용해 기득권 유지에 급급하지 않은지 따져보는 것이다. 이를 위해 카이사르가 제일 먼저 손댄 것은 원로원이었다. 왕정기에 왕의 자문 기관으로 탄생한 원로원은 공화정기에 이르러 사실상 로마를 이끄는 권력 기관이 되었다. 그들은 인민 대중의 안녕과 복지에 무관심한 채 자신들의 특권 유지에만 급급했다. 특히 기원전 82년 술라의 개혁으로 원로원 의원 수가 배로 늘자 이익 집단화가 더욱 심화했다. 그들이 사익을 추구할수록 인민의 생존권 보장은 뒤로 밀렸다.

카이사르는 원로원의 힘을 약화하고자 의석수를 900개로 늘렸고, 자신의 지지 세력을 대거 입회시켰다. 이로써 신흥 세력이 국가를 위해 일할 기회를 얻게 되었다. 같은 이유로 재무관의 수를 20명에서 40명으로, 법무관의 수를 8명에서 16명으로 늘려 젊은 피를 수혈했다. 또한 자치법을 제정해 이탈리아반도의 동맹국들이 내부 문제를 알아서 풀어가도록 했고, 그들에 대한 차별 조치들도 없앴다. 이로써 이탈리아반도의 로마화가 촉진되었다.

뉴딜 정책의 원조가 된 민생 개혁

물론 지도자의 제일 과제는 인민의 먹고사는 문제, 즉 민생 현안을 해결하는 것이다. 카이사르는 곡물을 무상으로 배급받는 사람들의 수를 32만 명에서 15만 명으로 줄여 국고 부담을 완화하는 대신, 구호에서 배제된 사람들과 전역한 병사들을 공공 건축 사업과 식민시 건설에 투입했다.

카이사르는 70여만 명이 살고 있던 로마시를 아름답고 웅장한 도시로 재탄생시키기 위해 공회당과 원로원 회의장을 개축하는 등 대대적인 공공 건축 사업을 시행했다. 더는 건물이 들어서기 어려울 정도로 비좁아진 포룸 로마눔 옆에 훗날 카이사르 포룸이라고 불릴 새로운 광장을 건설했고, 그 안에 베누스 여신을 기념하는 신전을 세웠다. 한편 로마시 외곽의 마르스 들판에는 폼페이우스가 자신의 위용을 과시하고자 세운 석조 극장이 있었는데, 경쟁이라도 하듯 근처 투표장을 웅대한 규모로 증축했다.

동시에 로마시에 인구가 너무 많아지는 것을 방지하고 퇴역 군인들의 정착을 돕기 위해 지중해 전역의 속주들에 대대적으로 식민시를 건설했다. 그중 튀니지의 카르타고, 스위스의 제네바 등은 오늘날까지 명맥을 이어오고 있다.

이어서 카이사르는 펠로폰네소스반도 입구에 있는 코린토스에 운하를 건설함으로써, 에게해와 아드리아해를 연결하고 아테네로 가는 길을 단축해 교역의 편의를 높이고자 했다. (이 계획은 그의 암살로 무산되었다.) 그보다 동쪽으로는 흑해 연안의 시노페와 헤라클레아에 식민시를 건설했다.

또한 로마에서 활동하는 외국인 학자, 문인, 예술가 등에게 로마시민권을 주었고, 속주들의 유력자에게 로마시민권이나 그보다 한 등급 아래인 라틴시민권을 주어 로마라는 거대한 지배 질서에 편입시켰다.

세금도 민생과 직결된 문제였기에, 과감한 개혁이 진행되었다. 당시 로마의 주요 수입원은 아시아 속주에서 걷는 세금이었는데, 그 부담을 줄여주었고, 징수원들의 횡포를 막고자 해당 업무를 지방 정부에 이양했다. 은화 25데나리이의 가치에 해당하는 금화 아우레우스aureus를 새로 유통해 화폐 경제를 촉진하기도 했다. 이후 아우레우스는 지중해 세계의 교역과 징세에 널리 쓰였다.

카이사르는 달력도 개정했는데, 이는 세계사적인 사건이었다. 그는 이집트인들이 사용하는 태양력이 계절의 변화를 잘 반영한다는 사실을 깨닫고, 기원전 46년 달력 개정에 착수했다. 이렇게 만들어진 새 달력(율리우스력)은 1년을 365.25일로 하는데, 4년마다 하루의 윤일을 넣어 계절과 달력을 일치시켰다. 이후 16세기 유럽에서 한 번 더 오차를 수정한 게 바로 오늘날 우리가 쓰는 달력(그레고리우스력)이다. 농사짓는 데 계절 변화는 매우 중요한 요소이므로, 달력 개정 또한 민생과 직결되는 일이었다.

월계관을 거부한 종신독재관

카이사르는 위대한 장군, 정치가, 개혁가, 문장가였다. 그러나 위대한 인물들이 으레 그러하듯이 그도 말년에 이르러 과도한 권력욕과 명예욕에 취하는 실수를 저질렀다. 인권 변호사와 신관, 천부장을 거쳐 가장 낮은 공직인 재무관으로 경력을 시작한 그였지만, 삼두정치를 구성하고 갈리아전쟁에서 승리하며 독자적인 세력을 구축한 끝에 권력의 최고 자리를 탐하기 시작했다. 결국 폼페이우스를 꺾고 일인자가 된 그는 기원전 48년부터 집정관직을 연임했고, 독재관, 1년 임기 독재관, 10년 임기 독재관을 거쳐, 기원전 44년 2월에는 종신독재관이 되어 사실상 왕에 준하는, 아니 왕보다 더 강력한 통치자가 되었다.

카이사르의 이러한 행보는 공화파를 자극했다. 축제 때 측근 마르쿠스 안토니우스가 월계관을 바치는 시늉을 했다가 군중의 반응이 썰렁하자 "나는 왕이 아니라 카이사르"라는 말로 어물쩍 넘어간 일도 있었다. 하지만 최고 권력을 향한 그의 욕망은 이미 브레이크가 망가진 상태였다. '최고의 도덕 감독관', '국부'라는 칭호가, 원로원 회의장과 법정에서 누릴 여러 특권이 수여되었다. 이뿐 아니라 카피톨리움 언덕의 신전 안 우뚝 서 있는 왕들의 조각상 사이에 카이사르의 것이 세워졌다. 죽을 수밖에 없는 인간이 누릴 수 있는 모든 권력을 취했던 셈이다. 이로써 더는 왕을 두지 않는다는 공화정 초기의 정신이 크게 훼손되었다.

이러한 상황에서 카이사르는 가장 큰 실책을 저질렀으니, 원로원을 무시한 것이었다. 원로원은 로마의 건국과 성장에 핵심적인 역할을 한 기관이었다. 특히 공화정기에 그러했다. 종신직이었던 왕을 축출하고 1년 임기의 집정관 두 명이 국정을 이끌었지만, 국가 현안에 관한 모든 지혜는 기백 명의 의원이 모인 원로원에서 나왔다. 원로원의 의결은 집정관들이 따라야 하는 국정의 나침판 같은 것이었다. 물론 원로원도 문제가 없지 않았다. 시간이 갈수록 그들은 부와 권력을 독점하는 데만 관심을 기울인 채 민생을 돌보지 않았다. 그라쿠스 형제 같은 이들이 평민의 보호자로서 개혁을 추진하면 강력하게 반대하고 침몰시켰다. 귀족파와 평민파 간 내전의 씨앗을 심은 것이 바로 원로원이었다. 카이사르의 독재는 평민파의 최후 승리였지만, 그마저 비극적으로 끝나고 말았다.

개혁과 수구의 경계에서

로마사에서 카이사르만큼 국가를 위해 많은 업적을 남긴 인물은 드물다. 갈리아전쟁으로 북방 '야만족'의 위협을 차단한 동시에 로마의 세력을 넓혔다. 내전의 혼란을 수습할 때는 정적들을 포용했고, 여러 개혁을 단행해 로마가 지중해 제국으로 발전하는 기틀을 닦았다. 그는 공화정이 더는 로마에 어울리지 않는다고, 복잡하게 얽히고설킨 광범위한 문제를 해결하기 위해서는 강력한 지도자가 필요하다고 생각했다.

하지만 기원전 44년 3월 15일 카이사르는 56세라는 한창 일할 나이에 자신이 포용한 원로원 의원들에게 살해되었다. 공화파의 오판이 부른 비극이었는가, 아니면 그에게 살해당해 마땅한 잘못이 있었는가.

공화파가 보기에 내전에서 승리해 일인자가 된 카이사르가 종신독재관의 자리에 올라 사실상 왕처럼 군림하는 것은 공화정 정

살해당하는 카이사르. 독재관을 넘어 왕이, 또 인간을 넘어 신이 되고자 한
그는 정적이었던 폼페이우스의 동상 아래에서 비참한 최후를 맞았다. 빈센조
카무치니, 〈카이사르의 죽음〉, 1804~1805, 국립현대미술관(이탈리아, 로마).

신에 위배되는 것이었다. 공화정은 한마디로 왕이 없는 체제다. 이 원칙은 왕정을 타도하고 공화정을 세울 때 발표된 "로마에는 왕을 두지 않는다"라는 루키우스 유니우스 브루투스의 선언에서 시작되었다. 따라서 누구든지 왕이 되려 하는 자는 공화정의 적이자 인민의 적이기에, 국가를 위해 아무리 많은 업적을 쌓더라도 참주이고, 따라서 죽여야 한다. 그래서 카이사르 암살을 주도한 마르쿠스 유니우스 브루투스와 가이우스 카시우스 롱기누스는 로마가 참주의 지배에서 해방되었다고 선언하고, 이 일을 기념하는 은화까지 발행했다. 그러나 그들은 국가를 위해, 인민을 위해 제대로 된 대안을 제시하지 못했다. 공화정은 '원로원과 로마 인민'이라는 기둥 위에 세워졌지만, 원로원으로 대표되는 지배층은 오직 기득권 수호에만 열을 올렸을 뿐, 인민의 삶에는 무심했기 때문이다.

카이사르는 청년 때부터 평민파의 일원으로 로마가 처한 상황을 잘 이해했다. 그는 기득권 수호라는 원로원의 행태에 반발했다. 이에 삼두정치를 구성해 원로원에 대항했고, 갈리아 전체를 로마에 편입시켰다. 원로원이 폼페이우스를 끌어들여 자신을 공적公敵으로 몰자, 어쩔 수 없이 쿠데타를 일으켜 최후의 일인자가 되었다. 이후 그는 종신독재관이 되어 로마의 발전에 필요하다고 생각한 여러 개혁을 밀어붙였다. 지중해 세계에서 로마의 패권을 공고히 하고자 마지막 남은 경쟁 세력인 파르티아를 원정할 계획까지 세웠다.

그러나 지도자로서의 카이사르의 역할은 거기까지였다. 원로원은 전통과 관습의 수호라는 명분 아래 시대를 앞서간 개혁자를 희생 제물 삼아 기득권을 수호하고자 결집했다. 물론 카이사르는 그들에게 죽임당했지만, 원로원의 계획도 오래가지 못했다. 또 한 차례의 삼두정치와 내전이 그들을 기다리고 있었다.

지도자는 시대를 정확히 읽고, 인민의 지지를 얻으며, 문제를 해결할 능력과 비전이 있어야 한다. 카이사르는 그러한 자질을 모두 갖춘 영웅이었다. 하지만 정적인 공화파에 반격의 빌미를 준 권력욕과 명예욕, 그들의 저항을 과소평가한 안일함이 그의 치명적 실수였다.

로마의 속주들

공화정 때부터 로마는 본격적으로 세력을 확장하며 지중해 세계 일대를 장악하게 되었다. 이때 이탈리아반도 밖의 로마 영토를 가리키는 행정 구역 단위가 바로 속주였다. 속주는 집정관이나 법무관이 임기를 마치고 총독으로 부임해 다스렸는데, 유일한 예외가 이집트로, 클레오파트라 사후 아우구스투스가 아이깁투스 속주라는 황제의 직할령으로 만들어 기사 신분 출신의 총독을 파견해 다스리게 했다. 총독은 속주법과 자신의 고시에 따라 속주를 다스렸다. 이때 속주에 대한 총독의 권한이 사실상 무제한이었기 때문에 속주민 착취 같은 문제가 발생했다. 본문에서 주요하게 다룬 속주들을 소개하면 이렇다.

히스파니아 속주

오늘날의 이베리아반도인 히스파니아는 포에니전쟁 이후 카르타고에서 빼앗은 영토였다. 산이 많아 크고 작은 적대 세력의 근거지가 되었으나, 일단 정복된 후에는 갈리아 속주와 더불어 '로마화의 우등생'으로 불렸다. 공화정 때부터 이탈리아반도 출신의 퇴역 군인들이 많이 정착한 탓에 로마시민권자가 많은 곳이기도 했다.

처음에는 히스파니아의 동부 해안에 히스파니아 키테리오르 속주와 히스파니아 울테리오르 속주가 있었는데, 이후 히스파니아 전체를 장악하며 히스파니아 타라코넨시스 속주, 히스파니아 바이티카 속주, 루시타니아 속주로 재편했다.

갈리아 속주

오늘날의 서유럽 일대인 갈리아는 이탈리아반도 북부와 붙어 있었기 때문에, 로마가 세력을 확장하며 가장 먼저 발을 내디딘 곳이었다. 워낙 넓어 카이사르가 갈리아전쟁으로 완전히 장악한 후에도 다섯 속주로 나눠 다스렸다. 다만 로마인들은 편의상 알프스산맥 안쪽의 갈리아 키살피나 속주와 알프스산맥 바깥쪽의 갈리아 트란살피나 속주로 크게 구분하기도 했다. 앞서 살펴본 히스파니아 속주처럼 로마화가 잘된 곳으로, 몇몇 주요한 지역의 속주민들은 라틴시민권과 로마시민권을 받기도 했다.

아시아 속주

로마가 차지한 지역 중 가장 부유한 곳은 오늘날의 아나톨리아반도인 소아시아였다. 이곳은 지중해 세계 내의 무역뿐 아니라 동방과의 무역에서 중심지 역할을 했기에 경제적으로도, 문화적으로도 융성한 곳이었다. 원래 폼페이우스의 근거지였던 곳으로, 카이사르가 그를 꺾은 이후 엄연한 로마의 속주로 관리되었다.

소아시아에서 가장 중요한 속주는 바로 아시아 속주였다. 원래 이곳은 페르가몬의 영토였는데, 사실상 로마의 속국이었고, 게다가 왕

아탈로스 3세가 죽으며 영토를 유증한 덕분에 소아시아에서 가장 먼저 로마의 속주가 되었다. 무엇보다 그라쿠스 형제가 아시아 속주에서 나는 세금으로 개혁 운동을 벌였으니, 로마사에 큰 영향을 미친 곳이라 할 만하다.

참고로 아시아 속주만큼이나 부유한 곳이 오늘날의 튀니지 일대인 아프리카 속주였다. 부정 축재가 쉽고 전쟁이 벌어지던 곳도 아니어서 유력자들이 총독 부임지로 가장 선호하는 곳이었다.

시칠리아 속주

소아시아 인근 지역인 레반트의 속주들과 북아프리카의 속주들에 이어 로마의 주요 곡창 지대 중 하나였다. 최초의 속주로서, 아예 로마에 병합하자는 주장이 끊임없이 개진되었으나, 모두 흐지부지되고 서로마제국 멸망 때까지 속주로 남게 되었다. 아우구스투스가 옥타비아누스인 시절, 이곳을 장악하고 있던 섹스투스를 몰아내고 역전의 계기를 마련했다.

4장

처음에 이기고 마지막에 패배하는 지도자

마르쿠스 안토니우스 Marcus Antonius
기원전 83년~기원전 30년

과한 자신감은 안일함을,
안일함은 잘못된 판단을 낳는다

나는 클레오파트라의 거미줄에 꼼짝없이 붙잡혔구나.

내가 권력을 잡으려는 시도를 멈추지 않는 한 벗어날 수 없다.

다만 우리 둘 다 원하는 것이 있으니, 바로 옥타비아누스의 파멸!

그러나 그녀는 더 나아가서 로마 자체를 무너뜨리고자 한다.

그리하도록 내버려두지 않겠지만,

지금 당장은 그녀를 저지할 수 없다.

_콜린 매컬로,《안토니우스와 클레오파트라》

카이사르의 갑작스러운 죽음 이후 권력을 잡은 이는 그의 오랜 동료였던 안토니우스였다. 대중 앞에서 월계관을 바쳤다가 카이사르의 암살에 계기만 제공했던 그가 로마의 정점에 올랐으니 역설적인 일이다.

안토니우스에 대한 평가는 보통 박한 편이다. 카이사르의 죽음 뒤 찾아온 권력의 진공 상태에서 누구보다 빨리 야심을 드러냈고, 실제로 제2차 삼두정치를 주도하며 반카이사르파를 숙청하는 데 앞장섰다. 이후에는 이집트의 여왕 클레오파트라와 염문을 뿌리는 것도 모자라, 그녀에게 의존해 자기 힘을 키우지 않는 안일함을 보였다. 결국 경쟁자의 득세에 마음이 급해진 나머지 로마를 '배신'하는 최악의 수를 두고 말았다. 이렇게만 본다면 안토니우스는 지나치게 대결 지향적이고, 여자에 빠져 조국에 칼을 꽂은 인물로 여겨질 만하다.

하지만 사실 안토니우스는 나름의 정치력을 발휘해 강력한 일인자가 갑자기 사라진 뒤의 혼란상을 수습한 인물이었다. 카이사르 암살 당시 원로원의 반응은 긍정적이었지만, 수장을 잃은 카이사르파는 당장이라도 군대를 동원할 기세였고, 카이사르를 사랑했던 평민들의 불만과 불안은 극심했다. 가만히 두었다면 극심한 내전이 벌어질 터였다. 이에 안토니우스가 적대 세력 간의 타협을 끌어내니, 그가 이뤄낸 첫 번째 대통합이었다. 이후 시작된 삼두정치가 아내와 동생의 농간으로 깨질 위기에 처하자, 자신에게 이득이 되지 않는 협약을 맺으면서까지 재결합을 꾀했다. 이로써 삼두정치가 연장되었으니, 두 번째 대통합에 성공한 셈이었다.

타협이라는 고도의 정치 행위로 로마의 위기를 극복한 지도자, 또는 외세와 손잡고 로마를 배신한 매국노. 안토니우스를 향한 이 극단적 평가에서 오늘날의 지도자는 과연 무엇을 배울 수 있을 것인가.

패자敗者인가 패자霸者인가

안토니우스의 부정적인 상을 각인하는 데 가장 큰 영향을 미친 인물은 키케로였다. 기원전 44년 3월 카이사르가 암살당했을 때 동료 집정관이자 오른팔이었던 안토니우스는 재빨리 몸을 숨겨 죽음을 면했다. 키케로는 공화정의 회복을 명분으로 카이사르를 죽일 때 안토니우스를 함께 제거하지 못한 것이 최대의 실수라고 한탄했다. 그의 지적대로 안토니우스는 사태를 수습하며 노골적으로 권력욕을 드러냈다. 이에 키케로는 기원전 44년 9월부터 43년 4월까지 열네 번이나 비판 연설을 쏟아냈다. 결국 기원전 43년 가을 카이사르 진영의 3인방인 안토니우스, 옥타비아누스, 레피두스가 연합해 반카이사르파를 제거하기 시작했을 때 키케로는 첫 번째 희생자가 되었다.

하지만 이것으로 끝이 아니었다. 그 뒤 진행된 옥타비아누스와의 내전 또한 안토니우스의 평판을 떨어뜨리는 계기가 되었다. 클레오파트라와 손잡은 것도 무색하게 기원전 31년의 악티움해전과 기원전 30년의 알렉산드리아전투에서 연이어 패한 안토니우스는 자살로 생을 마감했고, 옥타비아누스는 초대 황제로 추대되었다. 역사에서 패자敗者에 대한 배려는 늘 부족하다. 키케로의 비판 연설에 영향받은 제정 시대의 로마인들이 황제와 내전을 치르다가 죽은 안토니우스를 변호하기란 쉽지 않았을 것이다.

안토니우스의 부정적인 상에 영향을 미친 또 하나는 플루타르코스의《영웅전》같은 후대의 작품들과 그것을 토대로 한 현대의 영상물들이다. 이런 유의 작품은 안토니우스의 생애를 다루며 클레오파트라와의 사랑에만 초점을 맞춘다. 플루타르코스의《안토니우스 전기》, 윌리엄 셰익스피어의 《안토니우스와 클레오파트라》가 대표적인데, 안토니우스를 명예와 권력을 버리고 국경을 뛰어넘어 사랑을 택한 인물로 그렸다. 연인이 자살했다는 오보에 충격받아 자살한 안토니우스, 이 소식을 듣고 연인의 뒤를 따른 클레오파트라의 절절한 사랑 이야기는 《로미오와 줄리엣》으로 재탄생했다. 이처럼 안토니우스는 사랑 앞에 모든 것을 포기한, 열정적인 삶을 살다간 인물로, 클레오파트라는 전도유망한 로마의 장군을 유혹한 요부로 그려져왔다. 과연 안토니우스는 여자 때문에 인생을 망친 인물이었을까. 선입견을 잠시 내려놓고 그의 삶을 차근차근 따라가보자.

악연의 씨앗

기원전 2세기 말 그라쿠스 형제의 개혁 이후 로마는 귀족파와 평민파의 충돌로 몸살을 앓고 있었다. 안토니우스 가문은 보수적인 성향의 귀족파에 속했다. 할아버지는 저명한 웅변가로 명성을 날리다가 술라파에 가담했다는 이유로 마리우스에게 처형되었다. 아버지는 친구들에게 친절하고 유난히 호의를 잘 베푸는 성품으로 유명했지만, 정치적·군사적으로 두드러진 인물은 아니었다. 그는 기원전 72년 크레타섬의 해적을 소탕하러 나섰다가 실패해, '크레타섬의 지배자'라는 뜻의 '크레티쿠스Creticus'라는 수치스러운 별명을 얻기도 했다. 한편 안토니우스의 어머니 율리아는 카이사르의 친척인 루키우스 율리우스 카이사르의 딸이었다. 그 또한 보수적인 성향으로 마리우스와 킨나의 반대편에 섰다가 기원전 87년 평민파의 공격에 목이 달아났다. 이처럼 기원전 1세기 전반의 로마는 술라와 마리우스의 권력 투쟁으로 전통적인 명문 가문이 하루아침에 몰락하고, 별 볼 일 없던 가문이 혜성과 같이 등장하는 혼란기였다.

그런 와중인 기원전 83년 1월 14일 태어난 안토니우스는 멋진 수염과 넓은 이마, 높은 코 등 매우 잘생긴 얼굴에 다부진 체격을 한, 그림이나 조각으로 묘사된 헤라클레스를 닮은 미남이었다. 게다가 그의 조상이 헤라클레스의 아들 안톤이라는 전설이 오래전부터 내려오고 있었다. 그는 전설이 사실인 양 외모를 꾸미기 좋아했다.

그런 안토니우스에게 독설을 퍼부은 키케로는 마리우스와 마찬가지로 이탈리아반도 지방 출신이었다. 다만 능력이 뛰어났기에 역시 마리우스처럼 출세 가도를 밟아 기원전 63년 집정관으로 선출되었다. 다만 마리우스가 평민파를 대표한 것과 달리, 키케로는 루키우스 세르기우스 카틸리나의 반란 음모를 사전에 밝혀내고 주모자들을 처벌해 '국부'라는 뜻의 '파테르 파트리아이pater patriae'라는 칭호를 받는 등 귀족파의 대부가 되었다.

카틸리나는 유서 깊은 귀족 가문 출신으로 동맹국전쟁에 키케로, 폼페이우스와 함께 참전했으며, 이후 벌어진 내전에서는 술라를 지지했다. 경력이 나쁘지 않았던 그는 집정관에 세 번 출마하나 모두 낙선했고, 이에 큰 빚을 지게 되자 공화정을 전복할 계획을 세우던 중 그를 꺾고 집정관이 된 키케로에게 꼬리를 밟혔다. 이 사건은 막 20세가 된 청년 안토니우스에게 개인적으로 씻을 수 없는 상처를 남겼다. 기원전 72년 아버지가 세상을 떠나자 어머니는 푸블리우스 코르넬리우스 렌툴루스 수라라는 귀족과 재혼했는데, 이 계부가 카틸리나 사건에 연루되어 처형되었기 때문이다. 이로써 키케로는 안토니우스에게 아버지의 원수가 되고 말았다. 물론 키케로가 처음부터 안토니우스에게 적대감을 품은 것은 아니었겠지만, 파벌 간의 권력 투쟁이 심화하는 시점에 안토니우스가 평민파에 몸담으며 둘의 사이는 점점 더 멀어질 수밖에 없었다. 기원전 43년 겨울 안토니우스가 키케로를 죽임으로써 종지부를 찍은 두 사람의 악연은 기원전 63년에 심겼던 셈이다.

귀족 출신의 평민파

청년 안토니우스는 낭비벽이 심하고 술과 여자에 빠진 방탕아의 모습으로 자주 묘사된다. 플루타르코스는 그 원인을 친구 가이우스 스크리보니우스 쿠리오에게서 찾았다. 한마디로 친구를 잘못 사귀었다는 것이다. 한번은 안토니우스가 큰 빚을 졌는데, 그 보증을 쿠리오가 섰다. 이를 알게 된 쿠리오의 아버지는 안토니우스가 다시는 자기 집에 발을 들여놓지 못하게 했다. 그렇지만 둘의 관계는 계속해서 이어졌으니, 쿠리오와 평소 가깝게 지내던 평민파 지도자 클로디우스의 활동에 안토니우스가 참여했던 것이다.

클로디우스는 기원전 67년까지 키케로와 좋은 관계를 유지했다. 그러나 기원전 63년 당시 집정관이었던 키케로가 카틸리나 사건의 연루자들을 처벌하자고 주장하며 클로디우스를 지목하자 대립하게 되었다. 미리 매수한 배심원단의 무죄 평결 덕분에 가까스로 방면된 클로디우스는 그때부터 귀족파의 대부인 키케로와 반목하고 평민파로서의 정체성을 명확히 했다. 요즘 말로 하면 일종의 '강남 좌파'였다. 카이사르의 아내를 유혹하려다가 실패한 직후인 기원전 60년 그는 아예 귀족 신분에서 평민 신분으로 이적을 시도했는데, 원로원의 반대로 뜻을 이루지 못했다. 하지만 포기하지 않고 이듬해 당시 대신관이었던 카이사르에게 도움을 요청해 민회의 허가를 받아 평민 신분이 되었다.

기원전 58년 호민관으로 취임한 클로디우스는 곡물 무상 배급, 키케로 추방 등을 핵심으로 하는 평민파 운동을 주도했는데, 바로 여기에 안토니우스가 가담했다. 실제로 클로디우스는 키케로를 추방하는 데 성공했으나, 훗날 이 일로 귀족파인 티투스 안니우스 밀로에게 살해당했다. 이토록 정세가 불안정하고 위협 또한 만만치 않자, 그해 안토니우스는 그리스 지역으로 건너가 수사학을 배우며 때를 기다렸다. 청년기의 이러한 경험은 훗날 그가 카이사르 파의 일원이 되는 계기로 작용했을 것이다.

카이사르의 오른팔이 되다

어느덧 20대 후반이 된 안토니우스는 군대에서 숨겨진 재능을 발견했다. 그리스 지역에 머물던 기원전 57년 그는 집정관 아울루스 가비니우스의 기병대장 자격으로 시리아 속주에서 벌어진 유대인 반란을 진압하는 데 참여했다. 안토니우스는 반란을 사주한 대제사장 아리스토불루스 2세와 그의 아들을 생포하고 로마군보다 많은 반란군을 물리침으로써 군사적 재능을 유감없이 뽐냈다. 이어서 이집트 내전에 관여해 왕위에서 쫓겨난 프톨레마이오스 12세를 복위시켰다. 그는 클레오파트라의 아버지로, 이 일이 훗날의 인연에 영향을 미쳤을 것이다. 처음에는 카이사르에게 의탁했던 클레오파트라지만, 그가 죽은 뒤에는 안토니우스와 손잡았다.

기원전 53년 동방에서 활약을 마치고 안토니우스가 돌아왔다. 그동안 로마는 키케로와 폼페이우스를 주축으로 하는 귀족파 그리고 카이사르를 주축으로 하는 평민파로 갈라져 있었다. 안토니우스는 어렸을 때부터 가까웠던 쿠리오와 함께 반키케로, 친카이사르 노선을 걷기 시작했다. 그는 쿠리오의 도움을 받아 재무관에 당선되었고, 기원전 52년 갈리아 속주에 나가 있던 카이사르의 부관으로 파견되었다. 기원전 50년 홀로 돌아온 그는 카이사르의 도움으로 조점관에 임명되었고, 갈고닦은 말솜씨와 카이사르가 보내준 선거 자금으로 호민관에도 당선되었다.

하지만 폼페이우스를 지지하는 귀족파에 장악당한 원로원이 문제였다. 그들은 기원전 50년 폼페이우스를 단독 집정관으로 선출하고는, 기원전 49년 1월 1일 카이사르에게 소환령을 내린 터였다. 이런 상황에서 호민관 업무를 시작한 안토니우스는 카이사르의 대변인 역할을 자처하며 외로운 싸움을 이어나갔다. 특히 집정관 가이우스 클라우디우스 마르켈루스가 새로 모집하는 군대를 폼페이우스에게 맡기자고 제안했을 때 강력하게 반대했다. 또한 폼페이우스의 군대를 해산시키느냐 카이사르의 군대를 해산시키느냐를 두고 논쟁이 벌어져 원로원이 후자에 힘을 싣자, 두 군대를 모두 해산시키자는 안을 내놓았다. 이 일로 갑론을박이 벌어지자 집정관 루키우스 코르넬리우스 렌툴루스 크루스가 안토니우스를 퇴장시켰다. 신변에 위협을 느낀 그는 곧바로 노예로 변장하고 카이사르가 있는 갈리아 속주로 피신했다. 일련의 사건을 전해 들은 카이사르가 1월 12일 결국 루비콘강을 넘어 로마시로 진군, 내전이 시작되었다. 그러자 키케로는 안토니우스를 내전의 원인 제공자로 규탄했다.

헬레네가 트로이아인에게 그랬듯이, 그자는 이 나라에는 전쟁의 원인이요, 재난과 파멸의 원인이었다.

_키케로, 《필리피카》, 제2연설 55절.

결국 로마는 카이사르파의 차지가 되었다. 폼페이우스는 그리스 지역으로 도주했다가 1년 뒤 원정에 나선 카이사르에게 패해 완전히 몰락했다.

내전을 치르며 안토니우스는 군사적 재능을 마음껏 발휘했다. 특히 카이사르가 파르살루스 평원에서 폼페이우스를 꺾었을 때 좌익을 맡아 큰 공을 세웠다. 이로써 카이사르는 독재관이 되었고, 안토니우스는 기병대장을 맡아 로마의 치안을 책임졌다. 마냥 기쁜 일만 계속된 것은 아니었다. 쿠리오가 폼페이우스파의 잔당을 처리하러 북아프리카 원정에 나섰다가 전사해 안토니우스는 친구를 잃은 슬픔을 견뎌야 했다. 이에 클로디우스의 미망인이었다가 이제는 쿠리오의 미망인이 된 풀비아와 결혼했으니, 안토니우스에게 그 둘이 어떤 의미였는지 짐작할 수 있다.

기원전 45년 카이사르가 히스파니아에서 반란을 진압하고 돌아오자 가장 크게 대접받은 인물도 바로 안토니우스였다. 개선식에서 카이사르는 자신의 전차에 안토니우스를 함께 태우고, 그다음 전차에 둘째 누나의 외손자 옥타비우스를 태울 정도였다. 스무 살의 나이 차를 넘어 영혼의 맞수가 되는 두 사람의 공식적인 만남은 이처럼 누가 봐도 안토니우스에게 유리하게 시작되었다. 같은 해 카이사르는 네 번째로 집정관에 선출되며 안토니우스를 자신의 동료 집정관으로 삼았다. 그는 명실상부한 카이사르의 오른팔로서, 이인자의 법적 지위를 누렸다.

안토니우스, 너마저

기원전 44년 2월 종신독재관의 자리에 오른 카이사르의 권력은 무소불위처럼 보였다. 그는 이제 파르티아를 원정할 계획이었다. 이때 안토니우스는 카이사르를 아예 왕으로 추대할 작정이었던 듯싶다. 같은 달 열린 축제에서 안토니우스와 추종자들은 카이사르에게 월계관을 바치며 시민들의 반응을 살폈다. 시민들은 냉담한 반응을 보였고, 카이사르가 거절의 뜻으로 손사래를 치며 고개를 돌리자 힘찬 박수를 보냈다. 이 행위가 여러 차례 반복되었다. 시민들은 카이사르가 종신독재관이 되는 것은 용인했지만, 왕으로서 통치하는 것은 결연히 반대했던 것이다. 결국 월계관을 카이사르의 동상에 얹었는데, 호민관들이 그것을 벗겨버리자 시민들이 크게 환호했다. 그러자 약이 오른 카이사르가 호민관들을 파면했고, 이 사건이 있은 지 한 달도 채 안 되어 그는 죽임당하고 말았다.

  카이사르 암살 모의에는 대략 60여 명의 원로원 의원이 가담했다. 그중에는 브루투스, 카시우스 등 폼페이우스파였다가 사면된

자들도 있었지만, 대부분 카이사르의 옛 친구들과 전우들이었다. 심지어 플루타르코스는 안토니우스도 사전에 알았으리라고 보았다. 암살 모의에 가담한 많은 사람이 안토니우스도 끌어들여야 한다고 주장했지만, 카이사르 휘하의 군단장이었던 가이우스 트레보니우스가 적극적으로 반대해 무산되었다는 것이다. 히스파니아에서 돌아오는 카이사르를 맞으러 나간 그가 안토니우스와 한 천막에 있게 되자 조용하고 진지하게 의중을 타전했으나, 안토니우스는 답도 하지 않았고 암살 모의를 폭로하지도 않았다는 게 그 근거다. 어쨌든 거사는 카이사르가 파르티아 원정을 3일 앞두고 원로원에 출석하는 3월 15일에 시행하기로 정해졌다. 그가 파르티아 원정에서 승리하면 더 큰 인기를 누리게 될 것이 뻔했다. 그런즉 암살자들에게 3월 15일은 그를 제거할 마지막 기회였다.

암살자들은 거사에 앞서 카이사르의 오른팔인 안토니우스를 함께 죽일지 논의했다. 반대한 인물로는 브루투스가 유명한데, 그는 정의를 위해 카이사르를 타도하는 것이 핵심이므로 다른 피를 흘려서는 안 된다고 주장했다. 결국 카이사르가 원로원에 들어설 때 누군가 안토니우스에게 말을 걸어 관심을 뺏기로 결론 내렸다.

거사 당일 카이사르가 폼페이우스 회랑이라고 불린 원로원 회의장에 들어서자 암살자들은 청원할 문제가 있다며 그에게 다가간 다음 마구 찔러 살해했다. 로마 시민들과 군인들에게 사랑받는 지중해 세계의 영웅답지 않은 비참한 최후였다. 56세의 나이로,

경쟁자였던 폼페이우스가 죽은 지 4년 만에 공교롭게도 그의 동상 아래에서 카이사르는 숨을 거두었다.

암살자들은 거사를 정당화하는 연설을 하려 했지만, 영문을 알지 못한 많은 원로원 의원이 혼비백산해 도망쳤다. 사태가 심상치 않음을 알아챈 안토니우스도 노예로 변장해 피신했다. 소식을 접한 시민들은 두려움에 떨며 문을 걸어 잠그고 밖으로 나오려 하지 않았다. 독재자를 타도했다고 외치면 시민들에게 환호받을 것으로 기대했던 암살자들로서는 예상하지 못한 상황이었다. 그들은 유피테르 신전으로 가 대책을 논의했다.

독재의 발판이 된 첫 번째 대통합

암살자들이 자신까지 죽일 계획이 없음을 알아차린 안토니우스는 카이사르의 아내인 칼푸르니아를 찾아가 그가 남긴 공문서들을 확보하고 사태 수습에 나서기 시작했다. 히스파니아 키테리오르 속주와 갈리아 나르보넨시스 속주의 총독으로 지명받아 부임길에 오르려던 법무관 레피두스는 로마시 밖에 주둔하던 군대를 동원해 암살자들을 응징하려 했다. 그러자 안토니우스가 그를 찾아가 무력 충돌보다는 평화적인 해결이 낫지 않겠냐고 설득했다. 이렇게 해서 카이사르가 살해당한 날 저녁 안토니우스는 카시우스를, 레피두스는 브루투스를 만나 사태 수습을 논의했다.

기원전 44년 3월 17일 안토니우스의 주재로 원로원에서 회의가 열리고 수습책이 논의되었다. 다수의 원로원 의원은 카이사르는 참주로서 단죄당한 것으로, 그의 암살은 필요하고 정의로운 행위였으니, 시체는 티베리스강에 던져버리고, 그가 주도한 모든 법안과 정책은 백지화하자고 주장했다. 안토니우스는 극단적인 대응은 시민들의 반발을 사 정치적 혼란만 가중한다고 경고하며, 암살자들은 처벌하지 않고 브루투스와 카시우스를 각각 아시아 속주와 시리아 속주의 총독으로 보내되, 카이사르의 조치들은 계속 유지하고 국장을 허용하자는 타협안을 제시했다. 결국 암살을 지지하는 의원들조차 이에 동의해 대통합이 이루어졌다. 이로써 평화적으로 사태를 수습한 안토니우스는 명실상부 로마의 일인자로 부상했다.

　그러나 3월 20일 카이사르의 장례식 날에 유언장이 공개되며 상황은 예상치 못한 방향으로 흐르기 시작했다. 카이사르는 옥타비우스를 자신의 양자이자 상속자로 삼을 것, 티베리스강 건너편의 정원을 시민들에게 희사할 것, 시민 한 사람당 300세스테르티이sestertii●를 나눠 줄 것을 명시했다. 즉 카이사르 암살의 최대 수혜

● 1세스테르티우스(sestertius, 세스테르티이의 단수형)는 가치가 1데나리우스의 4분의 1에 해당하는 작은 은화였다.

카이사르의 유언장을 읽는 안토니우스. 유언장에는 안토니우스가 아닌 옥타
비우스를 양자이자 상속자로 삼는다는 내용이 쓰여 있었다. 이날 이후로 안
토니우스와 옥타비우스의 경쟁 구도가 만들어졌다. 조지 에드워드 로버트슨,
〈카이사르의 장례식에서 연설하는 안토니우스〉, 1894~1895, 하트풀박물관
(영국, 하트풀).

자는 옥타비우스였다. 안토니우스는 유언 집행자로만 언급되었다. 다만 시민들의 반응은 여전히 안토니우스에게 유리했다. 생각지도 못한 돈을 받게 되어 흥분한 그들은 포룸 로마눔에서 카이사르의 시체를 화장하고 암살자들에게 복수를 다짐하며 원로원 회의장에 불을 질렀다. 이로써 공화파와 암살자들의 입지는 불안정해졌고, 카이사르의 최측근이었던 안토니우스의 입지는 높아졌다. 사태가 이렇게 되자 생명의 위협을 느낀 암살자들은 로마시 외곽으로 도주했다.

이미 칼푸르니아에게 4000달란트나 되는 재산과 각종 공문서를 넘겨받은 안토니우스는 카이사르의 뒤를 이어 마치 독재관처럼 마음대로 공무를 처리하기 시작했다. 우선 레피두스를 대신관으로 임명했다. 또한 두 동생 가이우스 안토니우스와 루키우스 안토니우스가 각각 법무관과 호민관이 되도록 힘썼다. 본인은 집정관이었으니, 안토니우스들의 세상처럼 보였다. 카이사르의 양자이자 상속자로 지명된 옥타비우스가 5월 로마시에 도착하기까지 그런 분위기가 계속되었다.

"독재자, 깡패, 술주정꾼, 겁쟁이, 부도덕한 자"

옥타비우스는 당시 18세에 불과했고, 안토니우스보다 스무 살이나 어렸다. 그는 카이사르와 함께 파르티아 원정에 나서고자 아드리아해 건너의 항구 도시인 아폴로니아에서 훈련 중이었는데, 비보만 전해 듣고 말았다. 사태의 심각성을 곧바로 깨달은 그는 마르쿠스 빕사니우스 아그리파 등 친구들과 논의한 끝에 가족들의 반대를 물리치고 로마시로 가기로 했다. 그는 카이사르가 죽고 한 달 뒤인 4월 중순 아드리아해를 건너 브룬디시움에 도착해 아피우스 가도에 올랐다. 여정 중에 어머니 아티아를 만났는데, 그녀는 옥타비우스의 친아버지가 죽자 전직 집정관이었던 루키우스 마르키우스 필리푸스와 재혼해 나폴리의 별장에 거처하고 있었다. 문제는 옥타비우스 주위로 카이사르의 추종자들이 몰려들기 시작했다는 것이다.

옥타비우스는 마침 근처에 머물던 키케로도 방문했다. 공화파의 상징적인 지도자이자 62세의 노회한 키케로의 눈에 18세의 옥타비우스는 아무리 카이사르의 상속자라 해도 애송이로 보였고, 실제로 그를 '어린아이'라는 뜻의 '푸에르puer'라고 불렀다. 다만 안토니우스를 죽이지 못한 것이 카이사르 암살자들의 최대 실책이라고 생각하던 키케로에게 그를 견제하고 방해할 수단으로 옥타비우스는 쓸 만한 장기짝이었다. 카이사르파의 분열을 통해 여전히 불투명한 공화정의 회복을 실현하는 것이야말로 키케로의 정치적 목표였기 때문이다.

기원전 44년 5월 로마시에 도착한 옥타비우스는 곧바로 안토니우스를 찾아가니, 역사의 수레바퀴가 다시 한번 움직이기 시작했다. 그는 칼푸르니아가 맡겨놓은 카이사르의 재산을 달라고 요구했다. 시민들에게 카이사르가 약속한 돈을 나눠 주겠다는 이유에서였다. 그러나 안토니우스는 재산의 상당 부분을 이미 써버린 뒤였고, 남은 것마저도 주려고 하지 않았다. 옥타비우스를 무시했던 것이다. 하지만 옥타비우스는 어릴지언정 멍청하지 않았다. 그는 안토니우스가 암살자들을 관대히 처리한 결과 카이사르의 병사들에게 반감을 샀음을 잘 알고 있었다. 곧 카이사르의 후계자로서 그들의 마음을 움직여 자신의 지지 세력으로 만들기 시작했다.

옥타비우스의 등장으로 안토니우스의 지위는 조금씩 흔들렸다. 엎친 데 덮친 격으로 키케로가 마구 날뛰기 시작했다. 그는 안토니우스가 원로원을 좌지우지하는 것이 못마땅해 두문불출하고 있었다. 이에 안토니우스도 원로원에 나오지 않는 키케로를 공개적으로 비난했다. 처음에는 온건하게 반박한 키케로였지만, 갈수록 강도를 높여 안토니우스의 공적·사적 행동을 모두 꼬집었다. 그는 안토니우스를 "독재자", "깡패", "술주정뀬", "겁쟁이", "부도덕한 자" 등으로 낙인찍으며 열네 번에 걸쳐 통렬하게 비판했다. 안토니우스의 집정관 임기가 끝나갈 무렵인 기원전 44년 말 카이사르파의 분열은 깊어졌고, 키케로를 위시한 공화파의 공격은 강도를 더해갔다. 시간이 흐를수록 안토니우스는 불리한 상황에 놓이게 될 터였다.

신의를 잃고 자멸하는 원로원

기원전 43년 집정관 임기를 마친 안토니우스는 이탈리아반도 북부의 갈리아 키살피나 속주를 무력으로 차지하고자 했다. 당연히 선을 넘은 행위였다. 원로원은 신임 집정관들인 아울루스 히르티우스와 가이우스 비비우스 판사 카이트로니아누스를 파견해 그를 저지하도록 했다. 이는 19세의 옥타비우스에게 좋은 기회가 되었다. 공적 안토니우스를 친다는 이유로 사병을 동원하려 하자 원로원이 법무관의 권한과 원로원 의원의 자격까지 주며 허락했기 때문이다. 일시적으로 카이사르파 분열이라는 공화파의 대의명분을 따르게 된 옥타비우스는 원로원에서 사병의 합법화와 그들에게 나눠 줄 돈과 토지, 법정 나이 제한보다 10년 앞서 집정관 선거에 출마할 권한을 추가로 약속받았다. 졸지에 안토니우스는 원로원이 파견한 군대와 옥타비우스의 사병들에게 협공당할 위기에 처했다. 그런데도 무티나전투에서 두 집정관을 죽이는 등 저력을 발휘한 안토니우스였지만, 옥타비우스의 매서운 공격을 버티지 못했고, 결국 알프스산맥 너머로 퇴각해 갈리아 나르보넨시스 속주의 총독으로 와 있던 레피두스와 합류했다. 모두 기원전 44년이 지나가기 전에 벌어진 일이었다.

무티나전투의 승리는 곧 공화파의 승리였다. 이로써 안토니우스는 생애 최대의 위기를 맞게 되었다. 하지만 행운의 여신은 그를 완전히 저버리지 않았다. 크나큰 착각에 빠진 키케로가 공화정 재건을 위해 옥타비우스를 제거하고자 했던 것이다. 최소한 기원전 43년 초에는 정말 그럴 수 있을 듯이 보였다. 그래서 임무를 마치고 돌아온 옥타비우스에게 원로원은 약속한 보상을 전혀 주지 않았다. 이는 공화파의 결정적인 실책이었다. 원로원이 약속을 지키지 않자 이탈리아반도 남부로 가서 사병을 모은 옥타비우스는 로마시로 진군해 순식간에 권력을 찬탈했고, 20세의 나이로 친척 퀸투스 페디우스와 함께 집정관에 당선되었다. 카이사르의 후광과 병사들의 지지를 등에 업은 그의 앞에 장애물은 없었다.

통합과 야합의 경계, 제1차 삼두정치

곧이어 옥타비우스는 양자 입양 절차를 밟으니, 비로소 옥타비아누스가 되었다. 그는 카이사르 암살자들에게 유죄를 선언하고 추방하는 법을 제정했다. 또한 안토니우스에게 날을 세운 원로원의 각종 조치를 폐기하고 이탈리아반도 북부로 향했는데, 조금 전까지 적이었던 안토니우스, 레피두스와 함께 카이사르파의 재건을 도모하기 위해서였다. 이렇게 그릇의 크기가 남달랐던 옥타비아누스의 주도로 세 사람의 삼두정치가 시작되었다. 그들은 스스로를 '국가 재건 3인 위원'이라 불렀다.

　구사일생한 안토니우스는 삼두정치의 결속을 위해 아내 풀비아가 클로디우스와 낳은 딸 클로디아와 옥타비아누스의 결혼을 주선했다. 이때 중요한 점은 삼두정치 초기만 해도 실세는 여전히 안토니우스였다는 사실이다. 일례로 그는 갈리아 키살피나 속주와 갈리아 트란스알피나 속주를, 레피두스는 갈리아 나르보넨시스 속주와 히스파니아 속주를 장악한 반면, 옥타비아누스는 아프리카 속주, 시칠리아 속주, 사르디니아 속주를 장악했다. 그런데 이곳들은 대부분 폼페이우스의 아들 섹스투스가 탐내던 지역들이었고, 일부는 사실상 그의 발아래 놓여 있었다.

또한 삼두정치의 등장으로 로마 정치가 다시 카이사르파와 공화파의 대립으로 혼란해지자 안토니우스가 판세를 주도할 여지가 생겨났다. 기원전 42년 1월 1일 공식 출범한 삼두정치였지만, 이미 전년 말에 권력을 장악하고는 '법익 박탈자 명단'이라는 살생부를 만들어 카이사르 암살자들과 공화파 지도자들을 죽이기 시작했다. 잔혹한 숙청의 명분은 카이사르의 복수였지만, 실제 이유는 자신들이 거느린 43개 군단을 부양하기 위해 정적들의 재산을 몰수하려는 것이었다.

안토니우스, 옥타비아누스, 레피두스는 서로의 정적을 거래하듯 교환했다. 안토니우스는 자기의 외삼촌 루키우스 율리우스 카이사르를, 옥타비아누스는 안토니우스의 적 키케로를, 레피두스는 자기의 동생 루키우스 아이밀리우스 파울루스를 제물로 내놓았다. 그들은 자신들이 넘겨준 사람과 넘겨받은 사람을 살해하고 재산을 몰수했는데, 희생자들은 대부분 한때나마 친교를 나눈 사이였다. 곧이어 카이사르 암살에 가담한 원로원 의원들이 살해당했고, 그 외에도 130명의 원로원 의원과 2000명에 달하는 기사 신분 출신이 재산을 빼앗기고 추방되었다. 특히 키케로에 대한 증오심이 극에 달했던 안토니우스는 병사들을 보내며 그의 머리와 오른손을 잘라 오라고 명했다. 실제로 기원전 43년 12월 살해당한 키케로의 목과 오른손이 포룸 로마눔 연단에 전시되었다. 풀비아는 키케로의 혀를 송곳으로 여러 차례 찌르며 증오심을 나타냈다. 루키우스 율리우스 카이사르는 병사들이 찾아오자 자신의 누나이자 안토니우스의 어머니인 율리아에게 도움을 요청했다. 이에 그녀는 "그를 죽이려거든 너희의 대장을 낳은 나부터 죽여라"라고 일갈하며 자기 동생을 구했다.

클레오파트라의 코

삼두정치하에서 원로원 의원들과 정무관들은 카이사르가 만든 각종 법안과 정책을 준수하겠다는 서약을 강요당했다. 이어서 포룸 로마눔의 한 신전이 카이사르에게 봉헌되었고, 특별법에 따라 그는 '신성한 율리우스'로 불리며 신들의 반열에 올랐다. 모든 공화파 잔당이 진압되자 다음 차례는 브루투스와 카시우스였다. 카이사르 암살을 주도한 그 둘은 그리스 지역 북부의 필리피에 진을

치고 있었다. 안토니우스와 옥타비아누스는 28개 군단을 이끌고 그리스 지역에 상륙해 필리피로 쳐들어갔고, 기원전 42년 가을 그곳에서 두 번의 큰 전투를 치렀다. 첫 번째 전투에서 옥타비아누스가 브루투스에게 패한 반면, 안토니우스는 카시우스를 물리쳤다. 패배한 카시우스는, 브루투스의 승리를 전해 듣지 못한 상황에서 낙담한 나머지 자살했는데, 이는 공화파에 큰 손실이 되었다. 3주 후 재개된 두 번째 전투에서 브루투스마저 패하고 자살하니, 필리피전투는 안토니우스와 옥타비아누스의 승리로 끝났다. 물론 전공이 혁혁했던 안토니우스의 영향력은 더욱 커졌고, 실제로 더 많은 속주를 차지할 수 있었다.

이후 진행된 속주들의 재분배에서 안토니우스는 동방과 갈리아의 모든 속주를, 옥타비아누스는 히스파니아 속주 및 섹스투스가 지배하고 있던 시칠리아 속주와 사르디니아 속주를 할당받았다. 레피두스는 섹스투스와 내통했다는 혐의를 받았는데, 삼두정치에 대한 신의를 입증한다는 차원에서 아프리카 속주를 할당받으며 입지가 많이 줄어들었다. 히스파니아 속주를 새롭게 얻은 옥타비아누스의 상황도 녹록지 않았다. 10만 명이 넘는 퇴역 군인을 정착시켜야 했기 때문이다. 안토니우스는 동방의 속주들을 자신과 로마에 유리한 대로 주무르며 지역의 안정을 꾀했다. 또한 병사들에게 약속한 돈을 마련했는데, 예로부터 부유한 지역들이라 큰 부담은 아니었으니, 실제로 9년 치 조공을 2년 만에 거두었다. 여러

모로 필리피전투의 최대 수혜자는 안토니우스였다.

기원전 41년 안토니우스는 킬리키아 속주의 타르수스에 머물며 클레오파트라를 소환했다. 여왕이 한때 카이사르 암살자들을 돕고 공화파에 자금을 제공했는지 묻기 위해서였다. 당시 28세였던 클레오파트라는 은으로 만든 노와 자줏빛 천으로 짠 돛이 달린 유람선을 타고 나타났다. 화려한 옷으로 치장한 채 땅에 발을 디딘 여왕에게 우아한 향기가 감돌았다. 로마의 유력자와 마지막 헬레니즘 왕국인 이집트의 여왕이 만나는 역사적인 순간이었다.

"클레오파트라의 코가 한 치만 낮았어도 지구의 표면이 달라졌을 것이다"라는 블레즈 파스칼의 말에는 안토니우스가 관능적인 클레오파트라에게 마음을 빼앗겨 대사를 그르쳤다는 암시가 들어 있다. 그러나 당시 두 사람은 사랑놀이에 빠질 만큼 여유롭지 않았다. 클레오파트라는 정적들을 제거하기 위해 로마의 지원이 필요했고, 안토니우스는 옥타비아누스와의 경쟁에서 승기를 잡기 위해 이집트의 지원이 필요했다. 물론 연애 감정도 있었겠지만, 그것이 핵심은 아니었다. 두 사람 모두 정치적 계산에 따른 연합이 최우선이었다.

두 번째 대통합과 안일함의 대가

안토니우스가 클레오파트라와 만나고 있을 때, 이탈리아반도에서는 큰일이 벌어졌다. 그도 모르게 동생 루키우스 안토니우스와 아내 풀비아가 옥타비아누스에게 싸움을 걸었던 것이다. 그들은 안토니우스를 삼두정치의 한 축이 아닌, 로마의 일인자로 세우고자 했다. 하지만 의욕만큼 실력이 따라주지 않은 탓에, 옥타비아누스의 오른팔인 아그리파와 퀸투스 살비디에누스 루푸스에게 패하고 말았다. 결국 옥타비아누스의 주가만 높여준 셈이었다.

측근들이 벌인 황당한 일은 알지 못한 채, 안토니우스는 파르티아가 시리아 속주 일대를 침공하고 있다는 소식만 접했다. 당시 안토니우스는 그들과 싸울 군대도, 돈도 부족한 상황이었다. 마침 이때 풀비아를 만나 옥타비아누스와의 일을 전해 들었다. 풀비아는 섹스투스와 동맹을 맺어 문제를 해결하자고 조언했지만, 이는 곧 삼두정치의 와해로 이어질 것이 뻔하므로 안토니우스의 질책만 샀다. 이후 그녀는 모처에 연금되어 알 수 없는 질병으로 죽었는데, 안토니우스는 슬퍼할 틈도 없이 서둘러 이탈리아반도로 향했다. 파르티아에 맞설 군대를 서둘러 모집해야 했기 때문이다.

당시 이탈리아반도는 안토니우스와 옥타비아누스가 공동 지배하기로 약속되어 있었다. 하지만 브룬디시움에 상륙하려던 안토니우스의 군대를 옥타비아누스의 군대가 저지하며 긴장감이 높아졌다. 다행히 양측 군인들이 싸움을 거부하고 중재를 요청하며 기원전 40년 10월 브룬디시움 협약이 체결되었다. 이때 안토니우스는 불미스러운 사건을 동생과 아내의 개인적 일탈 탓으로 돌리며 옥타비아누스와의 관계를 정상화하고자 했고, 성공했다. 이로써 다시 한번 대통합이 이루어졌다. 브룬디시움 협약은 안토니우스에게 동방의 속주들을, 옥타비아누스에게 서방의 속주들과 일리리쿰 속주를, 레피두스에게 아프리카 속주를 배정하고, 이탈리아반도는 공동 지배하기로 한 것을 확인했다. 또한 안토니우스는 옥타비아누스의 누나 옥타비아와 재혼해 관계를 더욱 공고히 했다. 이로써 삼두정치의 재결합과 평화가 다시 자리 잡았다.

이에 자신의 존재감이 미약해진 섹스투스가 해상을 봉쇄하며 식량 공급로를 차단하자 로마 시민들은 배고픔에 시달렸고, 곳곳에서 '빵과 평화'를 요구하는 폭동이 일어났다. 결국 기원전 39년 가을 안토니우스와 옥타비아누스는 나폴리 근처 미세눔에서 섹스투스를 만나 시칠리아 속주와 사르디니아 속주가 그의 영역임을 인정해 가까스로 사태를 진정시켰다. 하지만 평화는 오래가지 못했다. 옥타비아누스가 시칠리아 속주에서 섹스투스를 몰아내기 위해 기원전 38년부터 두 차례에 걸쳐 공격을 감행했던 것이다. 옥타비아누스는 이탈리아반도 남부의 타렌툼에서 안토니우스를 만나 지원을 요청했고, 더불어 기원전 38년 12월 31일 종료될 삼두정치의 기한을 5년 연장하기로 합의했다.

사실 안토니우스는 클레오파트라와 만난 이후로 방심한 탓인지, 착실히 힘을 키워간 옥타비아누스를 견제하지 않고 허송세월만 하고 있었다. 이에 기원전 37년 부랴부랴 독자적인 세력을 확보하기 위해 시리아 속주의 안티오키아에서 클레오파트라와 결혼했다. 그녀의 지원을 받아 파르티아 원정에 성공함으로써 자신의 권력을 강화하고자 했던 것이다. 문제는 옥타비아와 이혼하지 않았다는 것이다. 로마법은 외국인과의 결혼을 인정하지 않았으므로, 법적인 아내는 여전히 옥타비아였고, 클레오파트라는 정부情婦였을 뿐이다. 당연히 이 일은 안토니우스와 옥타비아 사이에 갈등의 불씨가 되었다. 두 사람은 문제를 해결하기 위해 애썼지만, 폭발하는 건 시간문제였다.

지도자 본 색	지도자로서 안토니우스에게 중요한 것은 사회 분열을 극복한다는 대의가 아니었다. 카이사르 암살 뒤 혼란을 수습할 때나, 삼두정치를 구성하고 유지할 때나 모두 자신이 무엇을 얻을 수 있을지부터 고민했다. 그래서 그의 대통합은 힘이 없고, 일시적일 수밖에 없는 야합이었다. 이를 제대로 살피지 못하고 모든 것이 자기 계산대로 되고 있다는 안일함 속에서 안토니우스는 자멸하고 말았다.

치명적 오판이 파국을 낳다

기원전 36년 안토니우스는 클레오파트라의 반대를 무릅쓰고 파르티아 원정을 감행했다. 그러나 우방이던 아르메니아의 왕 아르타바스데스가 배반하며 2만여 명의 병사만 잃고 시리아 속주로 돌아왔다. 같은 시기 옥타비아누스는 시칠리아 속주를 되찾는 데 성공해 서방에서의 패권을 공고히 했다. 영향력이 약해진 안토니우스는 점점 더 클레오파트라에게 의존하게 되었고, 급기야 기원전 32년 초 일방적으로 옥타비아와 이혼을 선언했다. 알렉산드리아를 거점으로 새롭게 세력을 구축하기로 마음먹은 그는 클레오파트라가 카이사르 및 본인과의 사이에서 낳은 자식들에게 로마의 전체 영토를 나눠 주겠다고 선포했다. 결국 보다 못한 옥타비아누스가 전쟁을 선포하니, 계속 미뤄져온 두 사람의 최후 대결이 펼쳐지게 되었다. 비록 옥타비아누스가 내전이 되는 것에 부담을 느낀 탓에 선전 포고 대상을 클레오파트라로 삼았지만 말이다.

드디어 기원전 31년 9월 그리스 지역의 서쪽 바다에서 옥타비아누스 군대와 안토니우스-클레오파트라 연합군이 맞붙었다. 이 악티움해전에서 옥타비아누스는 클레오파트라가 도망한 덕분에 손쉽게 승리를 챙겼고, 이듬해 여름 벌어진 알렉산드리아전투에서 안토니우스를 완전히 무찔렀다. 연이은 패배로 전세를 뒤집을 수 없다고 판단한 안토니우스는 클레오파트라가 자살했다는 거짓 소식에 따라 죽기로 마음먹었다. 평소 그는 에로스라는 하인에게 급박한 상황이 닥치면 자기를 죽이라고 일러둔 터였다. 이에 기원전 30년 8월 1일 "바로 지금"이라고 말하니, 에로스는 뽑아 든 칼로 안토니우스를 잠시 겨누다가 돌아서서 자기 자신을 찔러 자살했다. 그의 모습에서 안토니우스는 부끄러움을 느꼈다. 노예만도

악티움해전. 왼쪽에 클레오파트라와 안토니우스가
있고, 오른쪽에 이에 맞서 창을 들이대는 옥타비아
누스가 있다. 외세에만 의존하다가 자기 세력을 키
우지 못하고 끝내 패배한 안토니우스의 안일함이 드
러난 전투였다. 유스튀스 판에흐몬트, 〈악티움해전〉,
1675~1685, 시카고미술관(미국, 시카고).

못한, 용기 없는 모습을 한탄하며 칼을 집어 들고는 자기 배를 찌르고 침대로 고꾸라졌다. 하지만 숨이 끊어지지 않아 고통 중에 신음하며 주위 사람들에게 자기를 죽여달라고 애원했다.

이 끔찍한 광경에 사람들은 밖으로 뛰쳐나갔고, 마침 클레오파트라의 몸종 디오메데스가 들어왔다. 그는 안토니우스를 모셔오라는 여왕의 지시를 전하러 왔던 것이다. 클레오파트라가 살아 있음을 안 안토니우스는 그녀의 품에서 마지막 순간을 맞았다. 그는 자신을 위해 슬퍼하지 말라고, 자신은 세상에서 가장 큰 영광과 권력을 누리며 살았을 뿐 아니라 다행히 마지막에는 로마인에게 정복되었으니 기뻐해달라고 당부했다.

한 편의 멜로드라마 같지 않은가. 카이사르 사후 사실상 로마를 지배했던 안토니우스의 최후는 이처럼 초라했다. 카이사르 다음의 권력자로서, 삼두정치의 중심으로서, 옥타비아누스의 매부로서 로마를 호령하던 안토니우스의 생애는 먼 이국땅 이집트에서 53세를 일기로 그렇게 끝났다. 사랑하는 여인의 품에 안겨서.

패자는 무엇을 말하는가

역사에서 패자는 말이 없다. 말하고 싶어도 할 기회가 주어지지 않는다. 그 점에서 안토니우스는 억울하다. 모든 인간은 장단점이 있게 마련인데, 안토니우스는 공사를 막론하고 부정적인 면모만 너무 강조되었기 때문이다. 특히 고대의 많은 작가가 그를 방탕하고 무질서한 생활을 즐긴 사람으로 줄기차게 묘사했다. 카이사르의 오른팔 노릇을 할 때, 삼두정치 시기는 물론이고, 특히 클레오파트라와 만난 후의 이야기에서는 삼류 소설에나 등장할 법한 인격 파탄자처럼 묘사되었다. 하지만 사실 카이사르나 옥타비아누스도 안토니우스 이상으로 여성 편력이 화려했다.

《로마인 이야기》를 쓴 시오노 나나미는 안토니우스를 평하며, 전시의 군사적 재능은 출중했지만 평시의 통치 능력은 부족했던 것이 카이사르가 그를 후계자로 거명하지 않은 이유라고 보았다. 다시 말해 행정 능력, 위기관리 능력에 문제가 있었다는 것이다. 그러나 카이사르 사후 로마가 내전으로 치달을 가능성이 커졌을 때 안토니우스의 그러한 능력이 가장 잘 발휘되었음을 부인할 수 없다. 그는 공화파와 카이사르파 사이에서 타협과 조정을 통해 파국을 막은 뛰어난 정치가였다.

다만 그의 최대 실책은 정치 권력의 근거지를 로마가 아닌 이집트로 삼았다는 점이다. 로마의 지도자가 되려면 로마에서 자기 세력을 구축했어야 하는데, 외세에만 의존하는 안일함이 그의 발목을 잡았다. 물론 이를 단순히 클레오파트라의 미모에 현혹된 결과라고 보는 것은 적절치 못하다. 그녀는 미인계 하나로 모든 것이 가능하다고 본 순진한 사람이 아니었다. 오히려 300년 전통의 헬레니즘 시대 막바지에 이집트 왕가의 내분을 수습하고 동생과 왕위를 둘러싼 권력 투쟁을 치른 노회한 정치인이었다. 그런 만큼 지중해 세계를 정복하고 통치하는 로마의 힘과 그 찬란한 미래를 예견하는 탁월한 안목을 가졌을 테다. 그런 점에서 보면 제1차 삼두정치의 승자인 카이사르가 이집트의 미래를 위한 가장 좋은 보호막이었다.

카이사르가 죽은 뒤 그녀가 택할 수 있는 상대는 사실 안토니우스뿐이었다. 카이사르와의 사이에서 아들까지 낳았으므로, 본인보다 일곱 살이나 어린 옥타비아누스와 손잡는다는 것은 현실적으로 불가능했을 것이다. 결국 안토니우스와 클레오파트라 두 사람의 만남과 연합은 나름대로 합리적인 판단이었다. 다만 그 만남이 종국에는 파멸로 이어졌기 때문에 어떠한 역사의 평가 앞에서도 그들은 자기변호의 기회를 얻지 못했을 뿐이다. 선택은 자유지만 그 책임은 결국 본인이 져야 하니까 말이다.

악티움해전과 알렉산드리아전투

로마가 공화정에서 제정으로 넘어갈 당시의 결정적인 사건을 하나 꼽으라면 아무래도 악티움해전과 뒤따른 알렉산드리아전투일 것이다. 이 싸움에서 승리함으로써 옥타비아누스는 100여 년간 계속된 내전에서 최후의 일인자가 되었다. 이처럼 중요한 싸움이었지만 승부는 싱겁게 결정되었다. 이 싸움은 좋은 무기와 훈련된 군인뿐 아니라 명분과 사기가 승패를 가르는 데 얼마나 큰 영향을 미치는지 잘 보여주는 사례다.

전황

브룬디시움 협약에 따라 동방의 속주들을 차지한 안토니우스는 알렉산드리아에서 개선식을 열고 카이사리온을 진정한 카이사르의 후계자라며 치켜세웠다. 당시 개선식은 로마의 영토를 넓히거나 거대한 위협을 막아낸 전쟁 영웅들의 영광을 기리는 행사였다. 그러니 로마 밖에서 개선식을 연다는 것 자체가 공화정에 대한 도전이었다. 이에 옥타비아누스가 안토니우스를 강하게 비난하며 둘의 충돌이 본격화했다.

안토니우스는 클레오파트라와 소아시아의 서쪽 끝 에페소스로 가 대규모 함대를 꾸렸다. 이후 이탈리아반도를 향해 나아가다가 그리스 지역 서쪽, 암브라키코스만과 이오니아제도가 만나는 악티움에서 옥타비아누스와 부딪혔다. 둘의 전력을 비교하면 옥타비아누스가 좀 더 우세했다. 전함 수는 비슷했지만, 선원들의 숙련도에서 차이가 크게 났다. 게다가 안토니우스 진영은 말라리아가 돌아 전함의 정원에 맞춰 선원들을 태우지도 못했다. 더불어 옥타비아누스의 해상 봉쇄로 물자까지 부족했다.

무엇보다 안토니우스에게는 명분이 부족했다. 갑자기 로마에 맞서 칼을 들어야 했던 많은 병사가 싸우기보다는 탈영을 택했다. 특히 안토니우스가 클레오파트라의 의견을 따라 해전을 결정하자, 지상전을 주장한 최측근 장군 퀸투스 델리우스가 옥타비아누스에게 투항한 것이 결정적이었다. 심지어 전투 초반에 중압감을 견디지 못한 클레오파트라가 이집트 함대를 끌고 도망갔다. 이에 홀로 분전하던 안토니우스도 후퇴할 수밖에 없었다. 그러자 육지에 있던 안토니우스의 군대도 대부분 투항해버렸다. 이렇게 해서 악티움해전은 옥타비아누스의 승리로 막을 내렸다.

사실 안토니우스는 악티움해전의 패배를 만회할 수 있을 것으로 생각했는지 모른다. 하지만 로마인들의 생각은 달랐다. 이집트 여왕과 손잡고 알렉산드리아에서 개선식을 연 것만도 괘씸한 상태에서 옥타비아누스에게 패배하기까지 했으니, 로마인들은 그에 대한 신임을 완전히 거두었다. 이를 생각지 못했을 만큼 안토니우스는 너무나 안일했다. 이후 알렉산드리아에서 다시 한번 옥타비아누스와 맞붙었지만, 완전히 패배해 클레오파트라의 품에서 숨을 거두었다.

5장

굴욕을 대하는
태도

아우구스투스Augustus
기원전 63년~기원후 14년

**야심 찬 지도자는
언제나 가능성을 본다**

카이사르를 잃은 슬픔이 그토록 크기 때문일까.

그 슬픔이 야심으로 굳어진 것일까.

아니면 내가 모르는 다른 이유라도 있을까.

차가운 슬픔이 그를 휘감아 우리와 멀리 떼어놓는구나.

_존 윌리엄스, 《아우구스투스》

이탈리아반도 지방 출신이었지만, 하루아침에 카이사르의 상속자가 되어 비정한 로마 정치판에 던져진 옥타비아누스. 비록 어린 나이였지만, 든든한 배경과 불타는 야심으로 강력한 정적들을 차례차례 제거하고 명실상부한 로마의 일인자가 되었다.

여기까지만 보아도 옥타비아누스가 범상치 않은 인물임을 알수 있지만, 더욱 놀라운 점은 그가 최고의 자리에서 모든 권력을 내려놓았다는 것이다. 대권을 원로원과 인민에게 반납하고 공화정의 회복을 선언한 그는 인간 이상의 '존엄한 자'라는 뜻인 '아우구스투스'로 불렸다. 하지만 그의 속내는 여전히 야심으로 가득했다. 서서히, 하지만 확실히 원로원을 장악한 뒤 황제의 자리에 올라 제정을 시작하고는 200여 년간 이어지는 '로마 평화'의 시대, 곧 '팍스 로마나pax romana'의 기틀을 마련했다.

옥타비아누스에 대한 평가는 양면적이다. 권력욕에 취해 적과도 손잡고 친구도 배신하는 불신의 아이콘, 남의 아내를 빼앗은 부정한 자, 권력 세습을 위해 외동딸을 세 번이나 정략결혼의 희생물로 삼은 잔인한 아버지 등 부정적인 평가와 더불어, 어떠한 굴욕에도 포기하지 않는 야심가, 100여 년의 혼란과 무질서에서 로마를 구한 구국의 영웅이라는 긍정적인 평가가 공존한다. 그렇다면 오늘날의 지도자는 옥타비아누스의 삶에서 무엇을 얻을 수 있을까.

돈으로 산 신분

옥타비아누스는 옥타비우스라는 이름으로 기원전 63년 9월 23일 로마시에서 태어났지만, 남동쪽으로 40킬로미터 떨어진 아버지의 고향 벨리트라이에서 유년기를 보냈다. 제정 초기의 역사가 가이우스 수에토니우스 트란퀼리우스는 벨리트라이에 그의 가문을 기리는 길이 있을 정도로 지역의 명망가였다고 했지만, 그런 명성은 아마도 황제가 된 이후, 또는 사후에 만들어졌을 것이다. 옥타비우스의 아버지는 집정관 바로 아래 직책인 법무관을 지낸 원로원 의원으로, 마케도니아 속주의 총독으로도 일했다. 그러나 거기까지

였으니, 총독 임기를 마치고 돌아오다가 급사하고 말았던 것이다. 옥타비우스는 훗날 황제가 되어 쓴 자서전에서 아버지가 집안의 첫 원로원 의원이며 자신은 귀족이 아니라 "유서 있는 기사 신분 출신"이라고 인정했다.

정적 안토니우스는 옥타비우스의 증조할아버지가 밧줄을 만들던 해방 노예였고, 할아버지는 환전상이었다고 빈정거렸다. 진실이 무엇이든, 실제로 상당한 재산가였던 그의 할아버지는 벨리트라이의 유지로 행세했다. 반면 아버지는 지역 유지에 머물지 않고 중앙 정계로 진출해 가문의 영광을 이루었다. 그렇지만 부계 혈통으로 볼 때 옥타비우스는 공화정 시기의 유력 귀족 가문의 인물들만큼 정치적으로나 사회적으로나 내세울 것이 없었다는 것은 분명하다.

그래도 집안의 재산은 분명 큰 힘이 되었던 것 같다. 그 덕분에 아버지가 카이사르의 둘째 누나(율리아)의 딸인 아티아와 결혼할 수 있었으니 말이다. 부유한 기사 신분 출신인 그가 유력 귀족 가문의 딸 아티아와 결혼한 것은, 요즘 식으로 말하면 '정경 유착'의 전형이었다. 이로써 옥타비우스는 카이사르와 먼 친척 관계(옥타비우스에게 카이사르는 외할머니의 남동생)로 이어지게 되었다. 그가 태어날 즈음 카이사르는 평민파의 우두머리로서 서서히 떠오르는 별이었다.

카이사르의 본심, 옥타비우스의 야심

옥타비우스가 네 살이 되던 기원전 59년 아버지가 죽자 어머니 아티아는 필리푸스와 재혼했고, 옥타비우스는 로마시에 있는 외할머니 율리아의 집으로 보내졌다. 기원전 51년 그녀가 죽자 옥타비우스가 어린 나이에도 추도사를 읽었던 이유다. 그리고 이 일은 그가 카이사르의 눈에 띄는 계기가 되었다. 아들이 없었고, 폼페이우스에게 시집보낸 외동딸 율리아마저 기원전 54년 죽어 후사가 고민이던 카이사르에게, 옥타비우스는 대를 이을 유일한 혈족이었다. 그러니 유언장에 양자이자 상속자로 그를 지명한 것은 자연스러운 일이었으리라. 실제로 카이사르는 기원전 45년 히스파니아에서 벌어진 반란을 진압하고 돌아와 개선식을 열 때, 17세의 옥타비우스를 전차에 태웠다. 당시에는 그 누구도 이 앳된 소년의 정체에 주목하지 않았다. 이듬해 카이사르가 독재관이자 대신관의 권력을 이용해 옥타비우스 가문을 귀족 가문으로 승격했을 때도 사람들은 그의 본심을 읽지 못했다. 그의 유언장이 공개된 뒤에야 옥타비우스가 얼마나 중요한 인물인지 알게 되었다.

기원전 44년 옥타비우스는 아폴로니아에서 카이사르와 함께할 파르티아 원정을 준비 중이었다. 그런데 정작 기다리던 카이사르는 오지 않고, 그가 살해당했다는 청천벽력 같은 소식만 전해졌다. 몇몇 사람이 옥타비우스의 신변을 걱정해 친부가 총독으로 있으며 좋은 관계를 맺었던 마케도니아인들에게 보호를 요청하라고 조언했다. 하지만 옥타비우스는 가까운 친구들과 상의한 뒤 로마시로 돌아가기로 했다. 그 친구 중 이름이 전해지는 사람은 살비디에누스와 아그리파다. 살비디에누스는 기원전 40년 초 배신과 암살 모의 혐의로 처형되었지만, 아그리파는 생몰년이나 출신지가 정확히 알려지지 않은 하층민 출신인데도 친구이자 충성스러운 이인자로 평생 함께했다. 아그리파는 군사적 역량이 부족했던 옥타비우스를 도와 수많은 전쟁을 승리로 이끌었고, 나중에는 그의 사위가 되었다. 이 막역지우가 없었다면 로마의 초대 황제는 다른 인물이었을지 모른다.

머리가 아닌 가슴으로

카이사르의 죽음으로 한 치 앞도 보이지 않게 된 상황이었지만, 두려워하지 않고 로마시로 향한 옥타비우스. 브룬디시움에 막 상륙한 그는 카이사르가 양자이자 상속자로 자신을 지명했다는 놀라운 소식을 듣게 되었다. 계부 필리푸스는 신분의 안전을 도모하라고 충고했지만, 옥타비우스의 야심과 암살자들을 향한 복수심은 계속해서 커졌다. 나름대로 믿는 구석도 있었다. 카이사르를 따르던 병사들이 브룬디시움에 모여들어 옥타비우스를 환영하며 카이사르의 후계자인 그와 함께하겠다고 약속했기 때문이다. 그들

은 옥타비우스를 카이사르라고 부를 정도였다. 옥타비우스 자신
도 이때부터 의식적으로 카이사르를 자칭했다. 이렇게 로마의 일
인자가 되기 위한 대장정이 시작되었다.

아피우스 가도를 따라 로마시로 향하던 옥타비우스는 4월 중순
캄파니아에 들러 그곳에 머물던 친인척과 카이사르파 주요 인사
들을 만났다. 먼저 계부 필리푸스를 다시 한번 만났는데, 그는 여
전히 조용히 사는 게 좋겠다고 타일렀다. 옥타비우스는 자신을 염
려하는 계부의 마음을 알면서도 조언을 받아들이지 않았다. 대신
카이사르의 재정 비서였던 루시우스 코르넬리우스 발부스를 만나
그가 보관 중이던 유산을 받았다. 더 흥미로운 점은 그곳에서 공
화파의 상징적 지도자인 키케로를 만났다는 사실이다. 그는 카이
사르 사후 기세등등해진 안토니우스에게 반발해 캄파니아에 내려
와 있었다. 아들뻘인 옥타비우스와 무슨 이야기를 나눴는지는 자
세히 알려지지 않으나, 필시 로마의 혼란한 상황을 타개할 의견을
교환했을 것이다. 이 만남은 우연히 성사되었던 것이지만, 안토니
우스에게 대적해 일시적으로나마 공동 전선을 형성하는 기회가
되었음은 분명하다.

카이사르의 후계자가 되다

기원전 44년 5월 옥타비우스는 드디어 로마시에 도착했다. 당연

히 기존의 카이사르파 인물들은 그의 등장을 반기지 않았다. 특히 안토니우스는 로마의 실세로 자리를 굳혀가고 있었기 때문에, 카이사르의 양자이자 상속자로 지목된 옥타비우스의 등장에 큰 부담을 느낄 수밖에 없었다. 옥타비우스가 직접 찾아와 카이사르의 유언장에 적혀 있는 자신의 몫을 요구하자 그의 우려는 현실로 나타났다.

사실 그때는 안토니우스가 이미 카이사르의 재산과 공금을 마음대로 사용한 뒤였다. 설사 남은 돈이 있었다고 해도 줄 생각은 없었던 것으로 보이니, 옥타비우스로서는 꽤 굴욕적인 대우였다. 결국 안토니우스와 옥타비우스는 둘 다 카이사르파이면서도 적대하는 관계가 되었다. 그렇지 않아도 공화파의 강력한 반발로 권력 구축 작업이 난항에 부딪힌 안토니우스에게 옥타비우스는 또 다른 장애물과 다름없었다. 이로써 카이사르파의 내분이 만천하에 드러났다. 이 기회를 놓칠세라 공화파가 안토니우스 제거를 위해 옥타비우스에게 손을 내미는 역설적인 상황이 벌어졌다. 얼마 전 키케로와의 짧은 만남이 '적과의 동침'을 견인하는 계기가 되었을 것이다. 키케로는 나름대로 다 계획이 있었다. 1단계는 카이사르파의 내분을 극대화하는 것, 2단계는 공화파와 옥타비우스가 함께 안토니우스를 제거하는 것, 3단계는 나이나 경험이 부족한 옥타비우스를 제거하는 것이었다. 이후 역사는 키케로의 계획이 2단계까지는 적중했지만, 3단계는 망상이었음을 보여준다.

앞 장에서 살펴본 것처럼 기원전 43년 집정관 임기를 마친 안토니우스는 갈리아 키살피나 속주를 무력으로 차지하고자 했다. 이에 원로원과 옥타비우스가 힘을 합쳐 안토니우스의 시도를 막아냈다. 이때 벌어진 무티나전투에서 원로원이 보낸 두 집정관이 전사해, 옥타비우스는 홀로 승리의 영광을 누렸다. 그 직후 원로원은 치명적인 실책을 저질렀으니, 옥타비우스에게 약속한 보상을 주지 않고 헌신짝처럼 버리려 했던 것이다.

원로원의 배신으로 옥타비우스는 자신의 '정체성'을 확인하게 되었다. 이후 그는 원로원에 의지하기보다는 카이사르파 재건을 목표로 삼았으니, 궁지에 몰린 안토니우스로서는 천만다행이었다. 마음을 정한 이상 지체할 시간은 없었다. 옥타비우스는 군대를 이끌고 로마시로 진군했다. 누구도 예상 못 한 쿠데타였다. 곧 권력을 장악한 그는 공석이 된 집정관 두 자리를 친척 페디우스와 나눠 차지했다. 이때 그의 나이 갓 20세였다. 이는 정말 파격적인 처사였는데, 집정관은 최소 40세 이상의, 정무관 경험이 있는 사람 중에서 민회가 투표로 선출하는 것이 원칙이었기 때문이다. 그러니 옥타비우스의 집정관 취임은 무려 20년이나 빨랐던 셈이다. 그의 야심과 과감성이 엿보이는 대목이다.

곧이어 옥타비우스는 그간 안토니우스의 방해로 미뤄오던 양자 입양 절차를 마무리했다. 이로써 옥타비아누스라는 새 이름을 얻고 명실상부한 카이사르의 후계자로 우뚝 서게 되었다.

한계의 또 다른 이름, 가능성

무티나전투 이후 로마는 두 진영의 대결로 몸살을 앓고 있었다. 한편에서는 카이사르 사후 반목하던 추종자들이 다시 뜻을 모아 이탈리아반도를 중심으로 결집했고, 다른 한편에서는 카이사르 암살을 주도한 공화파가 그리스 지역을 중심으로 결집했다. 그해 가을 옥타비아누스의 주선으로 안토니우스와 레피두스까지 3인이 이탈리아반도 북부의 보노니아에서 만나 그동안의 적대적인 관계를 청산하고 카이사르파 재건을 공식화했다. 그들은 다음과 같은 사항에 합의하며 삼두정치가 시작되었음을 알렸다.

- 3인은 집정관과 동등한 권한을 갖고, 임기는 5년으로 한다.
- 3인은 입법권과 정무관 및 속주 총독의 지명권을 갖는다.
- 3인은 주둔지의 통수권과 각자 맡은 속주의 통치권을 갖는다.
- 3인은 여러 속주를 맡되, 모든 속주에 동시에 부임할 수는 없으므로 대리인을 통해 속주를 관리한다.
- 안토니우스는 갈리아 키살피나 속주와 갈리아 트란스알피나 속주를, 레피두스는 갈리아 나르보넨시스 속주와 히스파니아 속주를, 옥타비아누스는 아프리카 속주와 시칠리아 속주, 사르디니아 속주를 5년간 통치한다.

제2차 삼두정치. 왼쪽부터 옥타비아누스, 안토니우스, 레피두스의 얼굴을 새긴 주화다. 'ⅢV(ir) R(ei) P(ublicae) C(onstituendae)'라는 공통된 문구가 들어가는데, '공화국을 다스리는 세 사람 중 하나'라는 뜻이다.

제2차 삼두정치 결성 당시 옥타비아누스의 입지는 여러 면에서 가장 불리했다. 무엇보다 경력이 부족했다. 안토니우스와 레피두스는 갈리아전쟁과 폼페이우스와의 내전에서 카이사르와 함께 싸운 백전노장이었던 반면, 옥타비아누스는 3개월여의 무티나전투가 전부였다. 사실 그것도 전공이라고 하기에는 상대적으로 미미했다. 나이도 20세에 불과해 40세의 안토니우스, 47세의 레피두스에 비해 너무 어렸다. 세 사람의 합의 내용을 보면, 당시 누가 실세였는지가 잘 드러난다. 안토니우스는 알프스산맥 안쪽의 갈리아 키살피나 속주와 바깥쪽의 갈리아 트란살피나 속주를 모두 차지했는데, 이는 무티나전투 전부터 그가 탐냈던 지역으로, 뜻을 관철했음을 알 수 있다. 레피두스는 카이사르가 살해되기 직전 배정받았던 히스파니아 속주뿐 아니라 갈리아 나르보넨시스 속주까지 차지하게 되었다.

반면 옥타비아누스가 배정받은 아프리카 속주는 내정 불안으로 로마의 통치권이 흔들리고 있었고, 시칠리아 속주와 사르디니아 속주는 공화파를 계승한 폼페이우스의 아들 섹스투스가 지중해 서부의 해상권을 장악한 탓에 역시 다스리기 쉽지 않은 곳이었다. 다만 이곳들은 모두 곡창 지대를 포함하고 있어 완전히 장악하기만 한다면 옥타비아누스에게 힘이 될 가능성이 컸다.

여하튼 옥타비아누스에게 굴욕적인 합의인 것은 분명했다. 그래도 카이사르가 살해되고 카이사르파가 분열했던 때, 특히 안토니우스와 반목하던 때와 비교하면 상황은 많이 나아졌다. 게다가 카이사르의 양자이자 상속자라는 법적 지위와 그에게 충성했던 병사들의 확고한 지지가 있었다. 이것이야말로 최고의 자산이 아니었을까.

지도자 본색	야심을 품지 않는 지도자는 없다. 그들은 세상을 바꿀 힘을 갈망한다. 꿈이 큰 만큼 고된 처지에 놓이기도 한다. 평범한 사람이라면 포기할 상황에서도 지도자는 가능성을 찾는다. 그리고 집요하게, 성실하게, 정확하게 목표를 좇는다. 바로 이러한 태도가 지도자의 그릇을 판가름할 기준이다.

반격의 시작

내분을 극복한 카이사르파는 본격적으로 공화파를 탄압하기 시작했다. 살생부를 만들어 정적들을 마구 죽이거나 추방했고, 그들의 재산을 몰수했다. 가장 먼저 목이 잘린 이는 안토니우스를 끊임없이 비판하고 옥타비아누스를 배신한 키케로였다. 이어서 원로원 의원들과 정무관들에게 카이사르가 주도한 법안과 정책들을 준수하겠다는 서약을 받아냈고, 그의 신격화도 진행했다. 마지막으로 카이사르 암살을 주도한 브루투스와 카시우스를 필두로 그리스 지역에 모인 공화파 잔당을 정벌했는데, 두 차례의 전투 끝에 저

둘이 자살하며 로마는 완전히 카이사르파의 세상이 되었다.

그러나 옥타비아누스는 여전히 넘어야 할 산이 남아 있었다. 무엇보다 삼두정치는 서로의 이해관계가 맞아떨어져 성립된 일시적 야합이었지, 공화정을 대체할 항구적 체제는 될 수 없었다. 이에 야심가 옥타비아누스는 힘을 기르는 동시에 삼두정치의 동료들을 하나씩 제거하기 시작했다. 기원전 36년 섹스투스와 싸워 시칠리아 속주를 되찾자마자 자신을 도왔던 레피두스를 제일 먼저 삼두정치에서 축출했다. 곧이어 기원전 31년의 악티움해전과 이듬해의 알렉산드리아전투에서 클레오파트라와 연합한 안토니우스를 물리쳤다.

18세에 카이사르의 양자이자 상속자가 된 후 여러 고비를 헤쳐나와 33세에 마침내 로마의 일인자가 된 옥타비아누스. 그가 내전의 최후 승자가 될 수 있었던 데는 아그리파의 도움이 절대적이었다. 특히 악티움해전에서 막강한 이집트 해군의 지원을 받은 안토니우스를 물리치는 데 가장 크게 이바지한 인물이 바로 아그리파였다. 동료를 잘 둔 덕분에 옥타비아누스는 경험과 나이의 열세를 만회하고 최후 승자가 될 수 있었다.

"벽돌의 로마에서 대리석의 로마로"

기원전 30년 여름 모든 경쟁자를 물리친 옥타비아누스가 돌아왔다. 그는 그라쿠스 형제의 개혁 이래 거듭된 내전의 혼란과 무질서에서 국가를 구한 영웅으로 환영받았다. 이제 공화정의 영웅들이 그러했듯이 그도 모든 권한을 내려놓고 시민의 한 사람으로 돌아가면 될 터였다.

그러나 산전수전을 겪고 일인자의 자리에 오른 옥타비아누스가 평범한 시민이 되는 것은 쉬운 일이 아니었다. 그가 그렇게 한다고 해도 주위에서 만류했을 테지만, 본인 스스로 그럴 생각이 없었던 것 같다. 그는 일인자의 길을 갈 준비가 되어 있었다. 그러기 위해서는 먼저 파괴된 법질서를 회복해 자신의 존재와 역량을 확실히 드러내야 했다. 물론 이는 로마의 선배 지도자들에게 얻은 생생한 교훈이었다.

우선 내전에 지친 로마인들을 위로하기 위해 기원전 28년 로마시의 신전과 공공건물에 대한 대대적인 복원 사업을 진행했다.

> 6선 집정관일 때 나는 원로원 의결에 따라 로마시에서 시급히 복구할 필요가 있던 82개의 신전을 하나도 빠뜨림 없이 재건했다.
> _아우구스투스, 《아우구스투스 업적록》, 19절.

이를 시작으로 40여 년간 각종 공공건물을 지어 로마시를 아름답게 꾸몄을 뿐 아니라, 평민들에게 일자리를 마련해줌으로써 지도력을 입증했다. 옥타비아누스는 "벽돌의 로마를 대리석의 로마로 바꾸어 놓았다"라고 자부했다.

　이뿐이 아니었다. 옥타비아누스의 탁월한 정치력을 보여주는 조치들이 하나씩 발표되었다. 여섯 번째 집정관 임기가 끝나갈 무렵인 기원전 28년 말 그는 삼두정치와 내전 기간에 행해진 모든 비합법적·불법적 조치는 무효라고 선언했다. 이는, 적어도 부분적으로는, 자신의 초법적인 권한을 내려놓은 것이었다. 이러한 과정을 거쳐 기원전 27년 초에는 공화정의 회복과 정계 은퇴를 선언했으니, 평화적으로 권력을 이양한 셈이었다.

> 원로원 의원들이여! 가장 훌륭하고 현명한 여러분에게 나는 국가의 행정 전체를 이양합니다.
> _디오, 《로마사》 53권, 8장 5절.

공화정을 통치하는 황제

원로원은 즉각 반응을 보였다. '아우구스투스'라는 칭호를 수여하고는, 그의 정계 은퇴가 국가에 다시 큰 혼란을 불러올 것이라는 실질적 이유를 들어, 로마군이 주둔하는 주요 속주들만이라도 다스려달라고 의결했다. 이로써 아우구스투스는 모든 로마군의 통수권을 거머쥔 '임페라토르'와 모든 원로원 의원 중 가장 으뜸가는 사람으로 첫 번째 발언권을 지닌 '프린켑스princeps' 칭호를 얻었으니, 이는 곧 최고 지도자 일인의 통치가 시작됨을, 공화정이 저물고 제정이 시작됨을 의미했다. 2세기의 원로원 의원으로《로마사》를 집대성한 루키우스 카시우스 디오는 "이런 식으로 로마인민과 원로원의 권한은 모두 아우구스투스의 손으로 넘어갔고, 그때부터 엄밀히 말하면 일인정이 시작되었다"라고 썼다.

원로원이 아직 평화가 정착하지 않았다는 이유로 아우구스투스에게 통치를 위임한 히스파니아 속주, 갈리아 속주, 시리아 속주, 이집트 속주 등은 사실 군단이 주둔하는 큰 속주들이었다. 즉 이곳들을 통치한다는 것은 통수권을 갖는다는 의미였다. 통치 기한을 10년으로 제한하기는 했으나, 끝날 즈음이 되면 계속 연장하는 식으로 아우구스투스는 권력 유지에 가장 중요한 통수권을 계속해서 장악했다.

또한 아우구스투스는 기원전 23년까지 집정관을 열한 번이나 연임했는데, 귀족들이 암살을 모의하는 등 반발이 거세지자 사퇴했다. 그렇다고 그의 권력이 사라진 것은 아니었다. 종신호민관의 권한을 확보했기 때문이다. 이로써 그는 평민의 영원한 보호자를 자처할 수 있었다. 기원전 19년부터는 종신집정관의 권한도 차지했는데, 이는 곧 공화정 전통과의 명확한 단절이었다.

무엇보다 아우구스투스는 후계자를 통한 권력 세습을 꾀했다. 카이사르의 양자로서 험난한 과정을 거쳐 일인자가 되었기 때문인지 그는 공화정의 회복을 선언한 뒤부터 역설적이게도 후계자

신탁을 듣는 아우구스투스. 중세 들어 어느 무녀
가 그에게 "장차 처녀가 아이(예수)를 낳을 텐데, 그
가 모든 신전을 허물 것이다"라고 예언했다는 전설
이 떠돌았다. 로마에서 가장 높은 자리에 올라 제정
의 문을 연 그조차 결코 신은 아니라는 의미였을까.
얀 판스코럴, 〈아우구스투스 황제와 티부르의 무녀〉,
1520년대, 바르샤바국립미술관(폴란드, 바르샤바).

를 마련하는 이중성을 보여주었다. 문제는 자식 복이 없었다는 것이다. 그는 총 세 번 결혼했는데, 첫 번째 상대는 안토니우스의 아내 풀비아가 첫 번째 남편과 낳은 클로디아였다. 삼두정치 유지를 위한 정략결혼으로, 안토니우스 측의 견제가 심해지자 금방 이혼했고, 이는 곧 풀비아의 반란으로 이어졌다. 두 번째 상대는 섹스투스의 친척인 스크리보니아였다. 이 역시 지중해 서부의 해상권을 장악한 섹스투스와 동맹을 맺기 위한 정략결혼이었다. 기원전 38년 외동딸 율리아를 얻은 아우구스투스는 스크리보니아와 이혼하고 첫눈에 반한 유부녀 리비아와 세 번째로 결혼했다. 리비아는 아우구스투스의 아이를 배지만 사산했고, 이후 둘은 자녀를 얻지 못했다.

이처럼 아우구스투스의 혈육이라고는 율리아가 유일했다. 따라서 율리아의 결혼을 통해 사위, 또는 외손자를 후계자로 확보하려 했다. 기원전 25년 17세의 조카 마르쿠스 클라우디우스 마르켈루스와 14세의 율리아가 결혼한 것이 최초의 시도였다. 이후 마르켈루스는 법정 나이 제한을 뛰어넘은 고속 승진을 누렸다. 이듬해부터 재무관으로 원로원에 출석해 법무관들과 함께 활동했고, 그 다음 해에는 행정관이 되어 대규모 행사들을 주관했다. 또한 법정 나이 제한을 10년이나 앞서 집정관이 될 자격도 얻었다. 그러나 그해 가을 19세의 젊은 나이로 병사해 아우구스투스의 후계 구도 구축이 꼬이기 시작했다.

아우구스투스는 마르켈루스의 죽음을 매우 아쉬워했다. 황제의 슬픔을 반영해 그의 장례식은 화려하고 장대하게 거행되었다. 시신은 기원전 28년부터 조성 중이던 거대한 황실 무덤인 아우구스투스 대능원에 첫 번째로 안장되는 영예를 누렸다. 또한 추모의 뜻으로 기원전 13년 티베리스 강변에 지은 반半원형 극장을 마르켈루스 극장으로 명명했다.

세습에 목매다

기원전 23년은 반대파의 암살 모의 적발, 병치레, 집정관 사퇴, 마르켈루스의 죽음 등으로 40세의 아우구스투스에게 악재의 연속인 해였다. 카이사르처럼 자신도 어느 날 갑자기 죽을지 모른다는 두려움이 엄습하기 시작했다. 따라서 확실한 후계 구도 구축이 점점 더 절실해졌다. 다음으로 눈에 들어온 인물은 바로 20여 년간 생사고락을 함께한 친구 아그리파였다. 아우구스투스는 과부가 된 율리아의 재혼 상대로 그를 지목했다. 같은 나이의 친구를 사위로 삼는다는 것은 아무리 정략결혼이라 해도 부담이었고, 게다가 아그리파에게는 이미 아내가 있었다.

아그리파는 총 세 번 결혼했는데, 첫 번째 상대는 키케로의 친구 티투스 폼포니우스 아티쿠스의 딸인 아티카였다. 두 사람은 어린 시절부터 친구였는데, 이 결혼으로 평민 출신의 아그리파가 귀족 사회에 편입될 수 있었다. 아그리파는 아티카와 두 딸을 낳지만, 기록되지 않은 이유로 이혼하고 마르켈루스의 누나 마르켈라와 재혼했다. 아그리파는 그녀와 몇 명의 자녀를 낳는 등 단란하게 지냈던 것으로 보인다. 하지만 후계 구도 구축에 문제가 생긴 황제에게 그런 사정까지 고려할 여유는 없었다. 결국 기원전 21년 아그리파는 마르켈라와 이혼하고 율리아와 결혼해 이듬해 가이우스 빕사니우스 아그리파를 낳으며 아우구스투스의 후계 구도 구축에 이바지했다.

동시에 아그리파는 이인자로서, 사실상 공동 통치에 준하는 권한을 부여받기 시작했다. 기원전 18년 아우구스투스와 아그리파는 5년 임기의 임페라토르와 역시 5년 임기의 호민관에 올라 형식적으로 공동 황제가 되었다. 기원전 17년에는 아그리파와 율리아 사이에 둘째 아들 루키우스 빕사니우스 아그리파가 태어남으로써 후계 구도는 더욱더 단단해졌다. 아우구스투스는 가이우스와 루키우스를 입양해 가이우스 율리우스 카이사르와 루키우스 율리우스 카이사르로 이름 짓고 카이사르 가문의 앞날을 준비했다. 이제 아우구스투스의 두 양자가 친부 아그리파의 보호 아래 잘 자라다가 둘 중 한 명이 권력을 세습하면 될 터였다. 율리우스 씨족 카이사르 가문의 장래는 한없이 밝아 보였다.

그런데 예상치 못한 일이 벌어졌다. 자신의 친구이자 사위로서 그리고 사실상 로마의 이인자로서 언제나 역할을 충실히 수행해

온 51세의 아그리파가 기원전 12년 2월 판노니아 속주를 시찰하러 갔다가 과로로 쇠약해져 죽고 말았다. 아우구스투스의 두 양자는 8세, 5세의 어린아이였고, 아그리파와 같은 나이로 늘 병약했던 본인도 노년에 접어들고 있었다. 만약 자신이 갑자기 죽는다면 권력 세습은 불투명해질 것이 뻔했다. 그렇다고 이대로 멈출 수는 없었다. 이때 일종의 '구원 투수'로 기용된 인물이 바로 의붓아들 티베리우스 클라우디우스 네로였다.

비정한 황제와 46세의 후계자

삼두정치가 한창이던 기원전 38년으로 잠시 돌아가보자. 당시 옥타비아누스는 리비아라는 여인에게 푹 빠졌는데, 문제는 그녀가 유부녀였다는 사실이다. 리비아는 안토니우스의 아내와 동생이 옥타비아누스를 상대로 일으킨 반란에 가담한 법무관 티베리우스 클라우디우스 네로의 아내였다. 반란을 진압한 옥타비아누스는 운명적이게도 리비아에게 반해, 기원전 38년 남편과 반강제로 이혼시키고 자신의 배우자로 삼았다. 이러면서 네 살짜리 티베리우스와 리비아가 임신 중이던 데키무스 클라우디우스 드루수스라는 두 의붓아들을 얻었다.

사실 티베리우스는 아우구스투스의 후계자로 고려된 인물이 아니었다. 물론 수많은 전공을 쌓으며 촉망받는 청년으로 성장했고 아우구스투스 본인도 무척이나 아꼈지만, 굳이 따지자면 친부의 네로 가문을 이을 자로 여겨졌다. 이런 이유로 카이사르 가문으로 입적하지도 않았고, 결혼도 자유롭게 하도록 했다. 이에 티베리우스는 23세가 된 기원전 19년 아그리파가 첫 번째 아내와 낳은 딸 아그리피나와 연애결혼을 했다. 티베리우스는 '베스타 여신을 모시는 사제' 같다고 놀림당할 정도로 아그리피나를 사랑했다. 둘은 5년 후 아들 네로 클라우디우스 드루수스를 낳았다.

그렇게 행복한 결혼 생활이 8년째 이어지던 중 운명이 뒤틀리기 시작했다. 후계자 후보를 모두 잃은 아우구스투스가 티베리우스에게 아그리피나와 이혼하고 율리아와 결혼할 것을 명했으니, 청천벽력 같은 일이었다. 물론 티베리우스는 그럴 수 없다고 눈물로 호소했다. 자신의 둘째 아이를 밴, 게다가 갑작스레 아버지를 잃어 큰 슬픔에 빠진 아내를 어찌 저버릴 수 있겠는가. 무엇보다 그에게 율리아는 배다른 누나이자 장모였다. 이처럼 티베리우스는 하루아침에 기막힌 처지에 놓이고 말았다.

하지만 제국의 일인자로, 현실 정치의 냉혹함에 사사로운 감정 따위는 일찌감치 저버린 아우구스투스의 뜻은 절대적이었다. 기원전 11년 티베리우스는 사랑하는 아내 아그리피나와 이혼하고 율리아와 결혼했다. 곧이어 호민관의 권한까지 부여받았으니, 카이사르 가문의 군사적·정치적 수호자로서 아우구스투스의 어린 두 양자를 보호하는 역할을 오롯이 떠안게 되었다.

하지만 하늘의 뜻은 달랐던 듯싶다. 상황은 아우구스투스의 생각대로 흘러가지 않았다. 일단 티베리우스와 율리아의 결혼 생활이 평탄치 못했다. 율리아는 방탕했고, 새로 낳은 아들마저 일찍 죽으며 둘의 관계는 파탄에 이르렀다. 그렇다고 이혼할 수도 없었으니, 아우구스투스가 절대 허락지 않았을 것이기 때문이다. 결국 기원전 6년 티베리우스는 36세의 젊은 나이에 모든 자리를 내던지고 자연인이 되어 로도스섬으로 들어가 무려 7년간 칩거했다. 그런데도 정신을 못 차린 율리아가 더 자주 입방아에 오르내리자, 결국 기원전 2년 아우구스투스가 직접 그녀를 간통죄로 고소하고 영구히 추방했다. 이 일들만으로도 골치깨나 썩었을 황제에게 더 심각한 문제가 이어졌다. 기원후 2년 루키우스 율리우스 카이사르가 19세의 나이로 병사하더니, 2년 뒤 가이우스 율리우스 카이사르마저 전투에서 얻은 상처 탓에 25세의 나이로 요절했다.

그렇다면 아우구스투스에게 누가 남았을까. 역설적이게도 그 때문에 인생이 파탄 난 티베리우스뿐이었다. 사위 이전에 자신이 애지중지 키운 의붓아들이었고, 사랑하는 아내 리비아의 친아들이었으니 말이다. 마침 율리아가 추방당한 이후, 티베리우스는 아들 드루수스의 성년식에 참석한다는 명분으로 로마시에 머물고 있었다. 그는 숨죽이며 살았지만, 더는 그럴 필요가 없었다. 4년 아우구스투스의 양자로 입적되며 '티베리우스 율리우스 카이사르'로 이름까지 바꾼 그는 13년 임페라토르와 호민관 권한 보유자로 지명되어 공동 황제로, 이듬해 아우구스투스가 죽자 제2대 황제로 등극했다. 이로써 율리우스 씨족만으로 황가를 이으려던 아우구스투스의 바람은 절반만 충족되었다. 일단 티베리우스는 클라우디우스 씨족이었고, 그 뒤를 이어 황제가 된 칼리굴라, 클라우디우스, 네로는 아그리파와 (율리우스 씨족의) 율리아가 낳은 5남매의 피를 이어받았기 때문이다. 이에 역사가들은 해당 황제들의 가문을 '율리우스-클라우디우스 황가'로 부른다.

연기를 마치다

14년 8월 19일 이탈리아반도 남부의 작은 도시 놀라에서 77세의 아우구스투스는 리비아의 품에 안겨 조용히 숨을 거두었다. 죽기 전 그는 친구들을 불러 다음과 같이 물었다. "그대들이 생각하기에 내가 인생극장에서 맡은 배역을 적절하게 연기한 듯싶지 않소. 내 역할을 잘 수행했으므로 박수를 보내주오. 그렇게 칭찬받으며 무대를 내려오게 해주오."

초대 황제 아우구스투스는 격변의 로마사에서 살아남은 영웅이었다. 대부분의 선배, 또는 동료가 살해당하거나 자살로 생을 마감한 반면, 그는 내전에서 살아남아 공화정에서 제정으로의 이행을 완수하고 제국의 토대를 닦은 뒤 너무나 편안한 죽음을 맞았다. 그의 삶을 보았을 때 이러한 최후는 기적 같은 일이었다.

아우구스투스의 시신은 로마시로 운반되어 마르켈루스, 아그리파, 가이우스 율리우스 카이사르, 루키우스 율리우스 카이사르가 잠들어 있는 황실 무덤에 안치되었다. 곧이어 아우구스투스의 유언장이 공개되었다. 티베리우스에게 재산의 3분의 2를, 티베리우스의 친모이자 황후 리비아에게 나머지 3분의 1을 주도록 했다. 그리고 두 사람 모두에게 '아우구스투스'라는 칭호를 허했다. 이에 티베리우스는 아우구스투스로, 리비아는 아우구스타로 불리게 되었다. 그 외에 로마 시민들에게는 4000만 세스테르티이씩을, 친위대 병사들에게는 1000세스테르티이씩을, 수도경비대 병사들에게는 500세스테르티이씩을, 군단 병사들에게는 300세르테르티이씩을 현찰로 나누어 주라는 내용이 담겨 있었다.

천천히 서둘렀던 야심가

아우구스투스는 제정이라는 로마사의 새로운 장을 연 위대한 지도자였다. 카이사르 사후 19세의 어린 나이로 별다른 경험도, 배경도, 재산도 없이 냉혹한 정치 무대에 내던져져, 안개 같은 정국을 헤쳐나간 끝에 결국 최후의 승자가 되었고, 77세로 죽기까지 뛰어난 지도력을 발휘해 제국의 기틀을 닦았다. 그가 즐겨 사용하던 "천천히 서둘러라!", "대담한 장군보다 신중한 장군이 더 낫다"라는 말은 서서히 그러나 집요하고 정확하게 자신의 목표를 성취하고야 마는 야심가, 또는 지도자로서의 탁월한 품성을 잘 보여준다. 개혁 운동의 선두 그라쿠스 형제를 시작으로 공화정 후기 로마를 들썩인 마리우스, 술라, 폼페이우스, 카이사르, 키케로, 안토니우스 등의 지도자는 모두 뜻을 이루지 못하고 최후를 맞았다. 반면 아우구스투스는 갖가지 위기를 적절히 관리하고 극복해 일인 지배 체제를 공고히 했고, 이로써 로마는 안정적으로 지중해 세계의 패권을 거머쥘 수 있었다.

물론 아우구스투스의 업적은 그 혼자 이룩한 것이 아니었다. 특히 충성스러운 이인자 아그리파의 도움을 크게 받았다. 그가 없었다면 아우구스투스도 없었을 것이고, 그렇다면 제국도 없었을 것이다. 정말로 그는 새로운 질서가 탄생하는 과정에서 공동 황제로 제국의 안정을 꾀했고, 아우구스투스의 후계 구도 구축을 위해 정략결혼도 주저하지 않았다. 훌륭한 이인자를 둔 덕분에 아우구스투스는 로마의 평화라는 큰 업적을 이룰 수 있었다.

실제로 아우구스투스가 자신의 업적 가운데 가장 내세웠던 것은 로마의 평화였다.

육지와 바다를 포함한 로마 인민의 전 영토에서 전쟁의 승리로 평화가 왔을 때마다 조상들이 닫으라고 명했던 (야누스 신전의 문을) ⋯⋯ 원로원은 내가 프린켑스일 때 세 번이나 닫도록 결의했다.
_아우구스투스, 《아우구스투스 업적록》, 13절.

포룸 로마눔에 있던 야누스 신전은 평화 시에는 문을 닫고 전쟁 시에는 문을 열었다. 즉 신전의 폐쇄는 로마인들에게 태평성대의 상징이었고, 이를 명분 삼아 아우구스투스는 권력과 권위를 자신에게 집중하고 세습할 수 있었다. 이로써 지중해 세계 전체에 로마의 평화를 확장해 이후 서구 문명에 큰 영향을 미쳤다.

하지만 그 반대급부로 공화정이 보장하고 원로원을 중심으로 행사된 로마 인민의 자유는 유보될 수밖에 없었다. 실제로 '아우구스투스'라는 칭호는 이후 그의 권력을 계승한 황제를 지칭하는 용어로 쓰였다. 그가 명맥을 이은 카이사르 가문의 이름도 황제를 지칭하는 칭호로 굳어져 왕보다 더 강력한 제국의 지도자를 의미하는 독일어의 카이저kaiser, 러시아어의 차르tsar에서 그 흔적을 찾을 수 있다. 한 세기 후의 역사가 코르넬리우스 타키투스는 이를 다음과 같이 표현했다.

삼두의 권력을 포기한 …… 그는 군대를 선물로, 인민을 곡물로 그리고 모든 사람을 평안이라는 달콤함으로 유혹했다. 그리고 나서 그는 점차 원로원, 정무관, 심지어 법의 기능을 제쳐놓고 권력을 장악했다. 반대는 존재하지 않았다. 전쟁, 또는 사법 살인이 용맹스럽던 모든 사람을 삼켰다. 높은 신분의 생존자들은 노예와 같은 복종이 정치적·재정적으로 성공의 길이라는 사실을 발견했다.
_타키투스, 《연대기》 1권, 2절.

황제의 칭호

로마의 정점에 선 황제의 권한은 실로 막강했다. 간단히 말해 황제는 호민관과 집정관의 결합으로 볼 수 있는데, 이로써 원로원과 민회의 결정에 구속되지 않는 거부권, 신성 불가침성, 통수권, 외교권을 행사했다. 더불어 원로원 의원을 임명하거나 내쫓는 감찰관의 권한도 가졌다. 마지막으로 대신관으로서 국가 종교를 통제했다. 이처럼 다양한 권한을 행사했기에, 황제에 대한 호칭도 여러 가지였다. 그중 중요한 것들만 정리하면 이렇다.

카이사르

최초의 황제 아우구스투스는 카이사르의 양자였고, 따라서 율리우스-클라우디우스 황가의 마지막 황제인 네로까지 자연스레 카이사르로 불렸다. 정확히 말해 제위 계승자에게 가장 먼저 붙여준 호칭이 '카이사르'였다. 아우구스투스 본인도 카이사르의 유지를 알게 된 후부터 카이사르를 자칭했다.

아우구스투스

일인자가 된 옥타비아누스가 로마의 혼란을 수습하고 정계 은퇴를 선언하니, 원로원이 그의 결단을 칭송하고자 내린 호칭이 바로 '아우구스투스'다. '인간 이상의 존엄한 자'라는 뜻에서 당시 로마인들이 옥타비아누스를 어떻게 바라보았는지가 잘 드러난다. 이후 '카이사르' 호칭과 결합해 원로원이 인정한 정식 황제를 가리키는 호칭이 되었다.

임페라토르

통수권과 연결되는 호칭인 '임페라토르'는 원래 개선장군을 가리키는 말이었다. 제국 경영에 군대의 힘이 얼마나 중요한지 잘 알고 있었던 옥타비아누스는 정계 은퇴를 선언하면서도 통수권만은 포기하지 않았다. 이 점에서 그가 말한 공화정의 회복이 결코 진심이 아니었음이 잘 드러난다. 물론 오랜 내전으로 지쳐 있던 원로원과 로마인들에게 그것은 문제 되지 않았고, 실제로 옥타비아누스는 통수권을 지닌 임페라토르로서 제위에 오르게 되었다.

프린켑스

아우구스투스는 '임페라토르'라는 호칭이 반감을 불러올까 걱정했고, 이에 '프린켑스'라는 호칭을 함께 사용했다. 이 호칭은 원래 원로원에서 첫 번째 발언권을 지닌 '프린켑스 세나투스principes senatus'의 약칭이었다. 하지만 점차 '시민 중의 일인자'라는 뜻의 '프린켑스 키비타티스princeps civitatis'의 약칭으로 쓰이며, 결국 황제를 의미하게 되었다.

6장

완벽한 통치의 비밀

트라야누스Traianus
53년~117년

정의로운 사회가
정의로운 지도자를 만든다

이로써 제국의 비밀이 드러났다.
황제가 로마 밖에서
옹립될 수 있다는 사실이!
_타키투스, 《역사》

국가 발전에 가장 중요한 것은 숨은 인재를 찾아내는 시스템이 아닐까. 학벌이 나쁘다거나, 특정 성별이라거나 하는 등의 이유로 무시하지 말고, 능력만 있다면 기회를 주어야 한다. 제국이 된 로마에도 이처럼 '정의로운' 시스템의 덕을 본 인물이 있었으니, 바로 최초의 속주 출신 황제 트라야누스였다. 53년 9월 18일 태어난 그의 본명은 마르쿠스 울피우스 트라야누스Marcus Ulpius Traianus로, 울피우스 씨족의 트라야누스 가문임을 알 수 있다. 울피우스 씨족은 일찍이 히스파니아 속주로 건너갔기 때문에 히스파니아인과 거의 구분되지 않았고, 또 트라야누스 가문은 오랫동안 로마의 중앙 정계에서 존재감이 전혀 없었다. 트라야누스 본인도 히스파니아 속주의 식민시 이탈리카에서 태어났다.

다만 로마시민권자였던 아버지가 제9대 황제 베스파시아누스의 '탕평책'에 힘입어 중앙 정계에 진출하며 그도 기회를 얻었다. 그렇게 총독의 자리까지 올랐으면서도, 언제나 정도를 지키며 겸손한 태도를 유지해 많은 사람에게 호감을 샀다. 결국 제12대 황제 네르바의 양자로 지명된 끝에 다음 황제로 즉위했고, 제국의 최전성기인 오현제五賢帝 시기를 대표하는 황제가 되었다.

한마디로 트라야누스의 인생은 '로마시민권자는 모두 평등하다'는 로마 사회의 최고 정의가 제대로 작동하는 순간 꽃피기 시작했다. 타키투스는 로마의 이러한 인재 등용 시스템을 '제국의 비밀'이라고 평했다. 실제로 황제의 자리에 오른 트라야누스는 출중한 능력을 마음껏 발휘해 로마의 영토를 최대로 넓히고, 대규모 도시 계획으로 로마시와 여러 식민시를 화려하고 웅장하게 가꿨으며, 특히 복지 제도 정착에 공헌했다. 이러한 공로로 원로원에서 '최상의 프린켑스'라는 뜻의 '옵티무스 프린켑스optimus princeps' 칭호까지 받았다. 이처럼 성공한 지도자의 탄생은 한 사회가 추구하는 정의와 떨어뜨려 생각할 수 없다. 트라야누스의 삶에서 그 단순한 비밀의 힘을 살펴보자.

태어나는 것이 아니라 만들어지는 것

물론 트라야누스가 속주 토착민이었던 것은 아니다. 부모 모두 이탈리아반도 출신의 로마시민권자로 이탈리카가 만들어질 때 이주했을 뿐이고, 평민이었지만 유력한 가문이기는 했다. 물론 중앙 정계에는 전혀 진출하지 못했는데, 당시 로마에는 히스파니아 속주와 갈리아 속주 출신 인물들을 과소평가하는 경향이 있었기 때문이다. 하지만 트라야누스의 아버지 때부터 상황이 달라졌다. 그는 제4대 황제인 클라우디우스 시절 원로원 의원이 되었고 제5대 황제인 네로 시절 군단장을 지내며 유대-로마전쟁에서 명성을 쌓았다. 무엇보다 베스파시아누스의 눈에 들어 귀족 칭호를 하사받으니, 이로써 트라야누스 가문은 중앙 정계에 진출할 수 있었다.

그 결과 트라야누스의 아버지는 집정관과 시리아 속주 및 아시아 속주의 총독을 역임하고 개선식의 영예까지 누리며 오랫동안 존재감이 없었던 트라야누스 가문을 확실히 각인했다. 어릴 때부터 아버지와 함께하며 훌륭한 장교로 성장한 트라야누스는 77년경 시리아 속주의 총독인 아버지 밑에서 천부장으로 복무했다. 당시 그는 네로가 원로원과 인민 그리고 속주의 군인들에게 차례차례 신의를 잃다가 몰락하는 것을 지켜보며 혈통뿐 아니라 능력과 인맥이 중요하다는 사실을 새삼 깨달았다.

트라야누스는 제2의 아우구스투스로 칭송받은 현제 베스파시아누스와 유능했지만 독재를 일삼은 폭군 도미티아누스 치세에 라인강, 도나우강, 유프라테스강의 접경 지역과 시리아 속주, 히스파니아 속주에서 군사적 명성을 계속해서 쌓아나갔다. 특히 게르마니아 속주의 총독이 일으킨 반란을 진압한 공로로 도미티아누스에게 그곳의 새로운 총독으로 임명되었다. 이는 트라야누스에게 크나큰 기회가 되었는데, 얼마 안 가 도미티아누스가 암살당하는 상황에서 오히려 그의 몸값을 높여주었기 때문이다.

준비된 지도자를 알아보는 선구안

원로원을 무시하고 독재에 열을 올리던 도미티아누스가 96년 궁정 음모로 살해당하자, 원로원은 의원 중 온건한 성품의 네르바를 새 황제로 추대했다. 오현제의 첫 번째 황제로 평가받는 네르바는 당시 나이가 66세나 되었고, 자식이 없어 후계 문제를 둘러싸고 권력 투쟁이 일어날 가능성이 적었다. 무엇보다 집정관을 두 번이나 역임했지만, 속주를 통치하거나 군대를 지휘한 경험이 없어 원로원의 권위에 의존할 수밖에 없는 인물이었다. 실제로 네르바는 원로원의 뜻대로 도미티아누스 치세 중 반란이나 음모 혐의로 잡혀간 이들을 풀어주었고, 추방된 자들을 사면해 로마로 돌아올 수 있도록 했다. 또한 정식 재판 없이는 원로원 의원을 처형하지 않겠다고 약속했다.

특히 눈여겨볼 점은 네르바가 각종 복지 정책을 도입했다는 것이다. 이전까지 로마의 복지가 지배층이 마련한 기금이나 황제의 사재를 나눠 주는 시혜적 성격이 강했다면, 그는 거의 처음으로 국가 제도로서의 복지 정책을 마련했다. 우선 가난한 시민들에게 가혹한 세금을 면제하고 토지를 분배했다. 더불어 그들의 자녀를 돕는 부양 정책을 시행했다.

문제는 엉뚱한 곳에서 터졌다. 네르바는 재정 건전화에도 힘을 쏟았는데, 도미티아누스가 탕진했던 국고를 채우기 위해 긴축 정책을 추진하자 근위대가 들고일어났다. 이 일을 계기로 네르바는 원활한 통치를 위해 군대의 지지가 필수적임을 깨닫고 게르마니아 속주의 총독 트라야누스를 양자 겸 공동 황제로 삼았다. 당시 트라야누스는 몇 차례에 걸친 게르만족의 침입을 성공적으로 막아냄으로써 '게르마니쿠스Germanicus'라는 칭호를 얻은, 유능하고 신망 높은 군사령관이었다. 네르바가 그를 양자로 삼은 일에 대해 디오는 이렇게 평했다.

네르바의 친척들이 주변에 있었지만, 트라야누스가 후계자로, 이어서 황제로 등극했다. …… (이탈리아반도 출신이 아닌) 어떤 외부인이 로마 황제가 된 적이 없다는 것을 알았지만, 트라야누스가 히스파니아 속주 출신이라고 해서 입양을 마다하지 않았다. 그는 어떤 사람의 출신지보다는 능력이 중요하다고 믿었기 때문이다.
_디오, 《로마사》 68권, 4장 1~2절.

고령 탓에 재위 기간이 아주 짧았던 네르바에게 트라야누스를 양자이자 후계자로 삼은 일은 그가 오현제의 첫 번째 자리를 차지할 만큼의 최대 업적이었다. 여전히 게르마니아 속주에서 전선을 지키고 있었지만, 97년부터 트라야누스는 임페라토르이자 호민관으로서 네르바와 공동으로 통치했다. 98년 네르바가 병사한 후에도 트라야누스는 2년 남짓 라인강과 도나우강의 접경 지역을 지키며 북방의 평화를 위해 최선을 다했다. 이는 자신의 지지 기반인 게르마니아 속주 주둔군의 충성심을 강화하고, 훗날 제국 북동쪽의 거대한 위협 다키아의 공략을 준비하기 위해서였다. 모든 작업이 끝난 99년 늦여름에야 트라야누스는 로마시에 입성했다.

인격이 훌륭한 지도자가 오래 사랑받는다

트라야누스는 여러모로 인기 좋은 황제였다. 일단 이상적인 군인의 모습을 하고 있었다. 전공이 화려할 뿐 아니라, 외모 자체도 그러했다. 입성 당시 46세였던 그의 몸은 단단했고 머리는 회백색이었으며 표정은 강인했다. 임페라토르에 잘 어울리는 군인 그 자체의 모습이었다. 게다가 트라야누스는 다정하기까지 했다. 자신을 열렬히 맞아주는 원로원 의원들을 말에서 내려 차례로 끌어안았고, 인민들을 대할 때도 겸손한 태도를 보였다. 요즘 말로 하면 '서민 대통령'의 이미지를 얻은 셈이었는데, 이는 그가 죽은 후에도 계속해서 유지되었다.

이러한 트라야누스의 성품은 실제 통치에도 도움이 되었다. 우선 로마 전통의 상징인 원로원과 원만한 관계를 유지할 수 있었다. 새 황제는 자기 자신을 과시하지 않았고, 아무리 사소한 절차와 의례라도 성실히 따랐다. 심지어 새로 집정관이 된 자에게 먼저 인사를 건네기까지 했다. 최고 권력자에게 존중받는다고 느낀 원로원 의원들은 대부분의 문제에서 협력하고자 했다. 실제로 정치인이자 문인이었던 가이우스 플리니우스 카이킬리우스 세쿤두스(소小 플리니우스)는 〈찬사〉라는 글에서 트라야누스의 즉위를 환영하는 결의를 자신이 주도해 의결했다고 밝히며, 그의 겸손하고 절제된 인품을 극찬했다.

소 플리니우스는 비티니아 속주와 폰투스 속주의 총독으로 있으며 트라야누스와 많은 양의 서신을 주고받기도 했다. 이를 정리한 《서한집》을 보면 트라야누스의 성실함이 얼마나 대단했는지 알 수 있다. 그는 온갖 자잘한 문제에 대해서도 꼼꼼하게, 또 간결하고 정확하게 답을 주었다.

그렇다고 트라야누스가 원로원에 끌려다닌 것은 아니었다. 그는 황제로서 권위를 포기하지 않았고, 이는 평소의 긍정적인 이미지와 합쳐져 경건하고 엄격한 분위기를 자아냈다. 이러한 카리스마를 바탕으로 제국의 동부와 서부 속주들에서 지역의 뛰어난 자들을 대거 선발해 원로원 의원으로 삼았다. 이로써 원로원 의원의 40퍼센트가 속주 출신으로 채워졌다. 이후에는 특히 동방 속주 출

모범적인 황제 트라야누스. '재판관 트라야누스'는 디
오가 기록한 어느 일화에서 비롯된, 존경을 담은 애
칭이다. 트라야누스는 다키아전쟁으로 바쁜 와중에
도 아들을 억울하게 잃은 어머니의 청원을 직접 챙겨
해결할 만큼, 군인 출신답지 않은 자애롭고 세심한 황
제였다. 외젠 들라크루아, 〈트라야누스의 정의〉, 1858,
호놀룰루미술관(미국, 호놀룰루).

신을 더욱 늘렸다. 이는 원로원의 역동성과 개방성을 높이는 데 이바지했다.

한마디로 트라야누스는 원로원 의원들에게 흠잡을 데 없는 황제였다. 이에 원로원은 그의 집권 초기인 100년에 '옵티무스 프린켑스' 칭호를 수여했다. 이 칭호는 105년 발행된 주화에 새겨졌고, 115년부터 공식적으로 사용되었다. 원로원과 인민의 지지를 바탕으로 트라야누스는 여러 개혁을 단행할 수 있었다.

시혜가 아닌 제도로서의 복지를 도입하다

트라야누스는 전임 황제인 네르바의 정책을 대체로 계승했다. 특히 네르바가 도입한 각종 복지 정책을 '알리멘타alimenta'라는 이름으로 더욱더 강력하게 추진했다. 그 배경에는 빈부 격차 심화와 인구 감소라는 사회 문제가 깔려 있었다. 1세기 말 이탈리아반도의 경제는 허물어지는 중이었다. 제조품이든 농산물이든 지중해 세계의 속주들에서 유입되는 상품들과의 경쟁에서 밀렸기 때문이다. 특히 밀처럼 주식이 되는 농산물의 경우가 심각해, 이탈리아반도에서는 식용 작물 대신 환금성이 뛰어난 포도와 올리브 등을 농사짓는 풍토가 만연해졌다. 자연스레 밀 농사에 종사하던 중소 자영농은 빚더미에 올라 땅을 팔 수밖에 없었고, 이를 소수의 자산가나 권력자가 사들여 대농장을 경영했다. 이처럼 혼란기였던 공화정 후기에 벌어졌던 일이 최고 전성기였던 오현제 시기에도 반복되었다. 자연스레 가난한 이들이 점점 더 늘었고, 그들은 자녀를 키우거나 가르치는 데 어려움을 겪었다. 이는 다시 인구 감소로 이어져 곧 군인의 수가 줄기 시작했으니, 길고 긴 국경을 유지해야 하는 로마로서는 간과할 수 없는 사태였다. 로마군은 제국을 방어할 뿐 아니라 속주들을 로마화해 제국의 통일성을 선도하는 중요한 자원이었기 때문이다. 이 문제를 근본적으로 해결하기 위해 도입한 정책이 바로 알리멘타였다.

물론 네르바와 트라야누스만 이러한 문제의식을 품었던 것은 아니다. 앞서 살펴보았듯이 그라쿠스 형제의 맏형 티베리우스는 누만티아 원정길에서 중소 자영농의 몰락을 목격했고, 이것이 로마군의 약화로 이어질 것이라고 예측했다. 실제로 전투에서 로마군은 대패했고, 이는 그라쿠스 형제가 각종 개혁안을 내놓는 계기가 되었다. 제정의 문을 연 아우구스투스도 비슷한 문제의식을 품었다. 다만 그는 지배층의 인구 감소 문제에만 치중했다. 만연한 정략결혼과 문란한 성 풍속 때문에 결혼율과 출산율이 떨어졌다고 판단한 그는 도덕과 윤리의 차원에서 이를 해결하고자 했다. 대표적으로 원로원 의원은 매춘부나 여배우와 결혼할 수 없게 했고, 독신자나 아이가 없는 부부는 재산을 상속받지 못하게 했다. 일련의 조치는, 적어도 아우구스투스 생전에는, 지배층을 보충하는 데 효과를 거두었다. 하지만 문제는 일반 시민들이 줄고 있다는 것이었고, 이 부분에 대해서 아우구스투스는 시혜적 성격의 기금 마련과 사재 나눠 주기 이상의 대안을 마련하지 못했다.

반면 네르바와 트라야누스는 가난한 시민들을 대상으로, 또 철저히 제도적으로 문제를 해결하고자 했다. 특히 트라야누스가 추진한 알리멘타는 복지 문제와 인구 문제, 경제(농업) 문제를 모두 아우르는 혁신적인 정책이었다. 우선 경제적 어려움에 시달리는 이탈리아반도의 농부들에게 땅을 담보로 받아 그 시세의 10퍼센트 내에서 황제가 직접 돈을 대출해주었다. 물론 이자가 있었는데, 당시 기준으로 매우 저렴한 연리 5퍼센트에 불과했고, 이는 지방 정부가 거둬들였다. 이때 원금 상환 기간이 사실상 무제한이어서, 채무자는 저렴한 이자만 내면 되니 부담이 없었고, 지방 정부는 정기적인 수입이 발생하니 자금을 원활히 운용할 수 있었다.

이렇게 모인 자금은 가난한 시민들의 아이를 돕는 데 썼으니, 소년은 18세까지, 소녀는 14세까지 도움받았다. 당연히 아이들의 명단, 담보로 받은 땅 목록, 지방 정부의 재정 보고서 등이 체계적으로 관리되었다. 이때 로마시의 아이들에게는 곡물을, 지방 정부의 아이들에게는 현찰을 지급했는데, 후자를 기준으로 살펴보면 소년에게는 16세스테르티이, 소녀에게는 12세스테르티이를 주었다. 이 정도면 아이가 성인이 될 때까지 필요한 먹을거리를 구하는 데 충분한 돈이었다. 이탈리아반도 남부의 리구레스 바이비아니에서 발굴된 비문을 보면, 소년 245명, 소녀 34명이 수혜를 입었다고 기록되어 있고, 북부의 벨레이아에서 발굴된 비문을 보면 1만 45세르테르티이가 지급되었다고 하는데, 이 정도면 반년 동안 100명 이상의 아이를 부양할 만한 금액이었다. 이처럼 알리멘타는 꽤 잘 작동해, 후대에도 복지 제도의 좋은 모델이 되었다.

트라야누스는 속주의 경제를 개선하기 위해서도 노력을 기울였다. 모든 속주에 도로, 교량, 수로, 항만 등의 기간 시설을 건설했다. 또한 식민시를 추가로 건설한 다음 로마 시민들을 정착시켜 현지의 인재들이 제국의 통치 질서에 자연스럽게 흡수되도록 했다. 그 한 예가 북아프리카에 건설한 식민시 팀가드였다. 100년경 만들어진 이 식민시는 남북 대로와 동서 대로가 직각으로 교차하는, 전형적인 로마식 계획도시의 모습을 하고 있었다. 이곳에는 광장, 바실리카, 사원, 3000석 규모의 대형 극장, 시장, 목욕탕 등이 빼곡히 들어차 있었다. 2세기 중반부터는 인구가 급격히 늘어 원래 지은 성벽을 넘어갈 정도로 도시는 번영했다.

| 지도자
본 색 | 지도자의 말을 믿어서는 안 된다. 중요한 것은 그 말이 어떤 행동으로 이어지는지, 그래서 어떤 시스템으로 구체화하는지다. 트라야누스가 위대한 황제로 평가받는 것은 그 개인이 정의로워서이기도 하지만, 제도적 차원에서 정의로운 사회의 기틀을 마련했기 때문이다. |

'팍스 로마나'를 넘어 '팍스 로마나 막시마'로

트라야누스는 19년간 통치하며 로마의 영토를 최대로 넓혔으니, 이 또한 그의 중요한 업적 중 하나였다. 내치에서 성과를 낸 트라야누스는 줄곧 마음먹었던 다키아전쟁을 시작했다. 기원전 1세기에 들어선 다키아는 오늘날의 루마니아와 몰도바 일대를 다스렸다. 그곳의 왕 데케발루스는 여러 차례 로마와 싸워 승리했고, 결국 도미티아누스는 굴욕적인 평화 조약으로 변경의 안정을 꾀하는 데 만족해야 했다. 데케발루스는 '동맹국 왕'으로 인정받았고, 로마에서 인적·경제적 지원을 받았다. 하지만 그는 평화보다는 대결에 관심이 많아, 이러한 지원을 이용해 계속해서 군대를 키워나갔다. 이로써 도미티아누스의 조치는 부적절한 것으로 평가받았고, 원로원을 무시한 채 독재를 이어가다가 로마의 위신마저 추락시킴으로써 인민의 원성을 산 끝에 그는 암살당하고 말았다. 다키아는 철과 구리 등 자원이 풍부했고, 능숙한 금속 세공업자들 덕분에 튼튼한 검으로 무장한 강력한 군대를 보유하고 있었다. 이에 자신감이 넘쳤던 데케발루스는 평화 조약은 아랑곳하지 않고 트라야누스가 제위에 오를 때까지 여러 차례 로마를 공격했다.

하지만 트라야누스는 만만한 상대가 아니었다. 황제가 되기 전 이미 원정 경험을 많이 쌓았던 그는 101년 다키아전쟁을 감행했다. 산과 숲이 많은 지형에다가 원주민의 독립심이 워낙 강한 곳이라 쉽지 않은 싸움이었다. 트라야누스는 도나우강 하류의 타파이에서 패배의 쓴맛을 보았다. 그러나 이듬해 봄 포기하지 않고 다시 한번 공략에 나서 수차례의 전투 끝에 다키아의 수도 사르미제게투사까지 밀고 들어가 데케발루스의 항복을 받아냈다.

한동안 데케발루스는 로마의 지배에 순응했다. 그러나 얼마 지나지 않아 몇몇 부족을 모아 도나우강 건너편의 로마 식민시들을 공격했다. 이에 105년 트라야누스는 다시 한번 다키아로 향했다. 그는 13개 군단을 거느리고 도나우강 하류를 건너 다키아를 매섭게 침공했다. 패배를 거듭하던 데케발루스의 자살로 사태가 마무리되자, 트라야누스는 다키아를 속주로 병합하고 사르미제게투사를 식민시로 만들어 '트라야누스'로 부르게 했다. 이후 로마 시민들과 퇴역 군인들을 그곳에 정착시켰는데, 이들이 바로 오늘날 루마니아인의 선조다. 5만여 명의 전쟁 포로는 원형 경기장에서 검투사로 살다가 생을 마감했다. 다키아에서 채굴한 막대한 금은 제국 전역에서 진행되던 대규모 공공 건축의 자금으로 쓰였다. 이 공로로 원로원은 그에게 '다키쿠스Dacius'라는 칭호를 내렸다. 로마 시민들도 기뻐해 무려 123일간 축제가 계속되었다.

도시 계획의 정석

트라야누스의 마지막 업적은 대대적인 공공 건축으로 제국의 모습을 새롭게 했다는 것이다. 아우구스투스에게 로마 건축의 경전인 《건축론》의 저자 마르쿠스 비트루비우스 폴리오가 있었다면, 트라야누스에게는 아폴로도로스가 있었다. 시리아 속주의 수도 다마스쿠스에서 태어난 그는 건축과 관련된 뛰어난 글들을 발표해 트라야누스의 총애를 받아 공공 건축 사업을 주도했다. 그는 실용적이고 튼튼한 설계를 강조했으며, 돔 양식을 포함한 동방의 새로운 기법을 적극적으로 도입했다.

아폴로도로스의 대표적인 작품이 바로 도나우강을 가로지르는 트라야누스 다리다. 도나우강은 라인강과 함께 제국의 북동부를 흐르며 자연적인 국경선 역할을 했다. 따라서 다키아를 원정하러 이 강을 건너야 했던 트라야누스는, 수많은 병사와 보급품을 도하시키기 위해 널찍하고 튼튼한 다리가 필요했다. 이에 아폴로도로스는 아치 기술을 활용해 길이 1135미터, 폭 15미터, 높이 19미터의 거대한 석조 다리를 건설했다. 다리 양 끝에는 군영이 설치되어 누구도 함부로 건널 수 없었다. 로마는 165년 정도 지나 야만인들의 침입을 막기 위해 트라야누스 다리를 파괴했는데, 그 이후에도 1000년 이상 가장 긴 다리라는 명성을 잃지 않았다.

도나우강에 트라야누스 다리가 놓였다면, 로마시에는 트라야누스 포룸이 들어섰다. 공화정 때부터 포룸 로마눔은 정치, 문화, 행정, 사법 등 각종 활동이 활발히 이루어지는 공간이었다. 그러다 보니 각종 공공건물과 신전으로 포화 상태에 이르렀다. 이에 기원전 1세기 중엽 카이사르는 포룸 로마눔 옆에 열주 회랑으로 둘러싼 직사각형 모양의 새로운 광장을 만들어 자신의 군사적·정치적 업적을 기렸다. 다만 그가 갑자기 암살당하는 바람에 이 광장은 아우구스투스 때 비로소 완공되었다. 이후 아우구스투스부터 네르바까지 수많은 황제가 카이사르를 따라 자신의 공적을 기리고 과시하는 광장을 지었다.

이런 점에서 다키아전쟁을 승리로 이끈 트라야누스는 광장을 지을 자격이 충분한 황제였다. 무엇보다 막대한 전리품이 로마로 흘러들었다. 이는 제국 전역의 공공 건축에, 또 트라야누스 포룸을 짓는 데 사용될 터였다. 아폴로도로스는 카이사르 포룸과 아우구스투스 포룸 북쪽에 트라야누스 포룸을 놓았다. 착공 5년 만인 112년 완공된 광장은 가로 300미터, 세로 180미터로, 황제들의 광장 중 가장 큰 규모였다. 그곳에는 회의나 재판이 열린 바실리카, 다키아전쟁의 전승 기념비이자 훗날 트라야누스의 유해가 안장될 트라야누스 원주, 거대한 식량 창고, 세계에서 가장 오래된 종합 쇼핑몰인 트라야누스 시장, 다양한 책과 공문서를 보관한 도서관 등 각종 용도의 건물이 골고루 세워졌다. 물론 중앙에는 웅장한 트라야누스 기마상이 우뚝 서 있었다.

트라야누스 포룸만큼이나 유명한 것이 바로 트라야누스 욕장이다. 104년 트라야누스는 아폴로도로스에게 거대한 욕장을 짓도록 했다. 5년 뒤 완공된 이 욕장은 다양한 문화 활동을 즐길 수 있

트라야누스 원주. 다키아전쟁의 승리를 기념하고자
세웠다. 보통 개선문을 세우는 것과 비교하면 특이
한 경우였다. 높이 30미터의 원주 외벽에는 트라야
누스의 업적을 기리는 115개의 장면이 새겨져 있는
데, 등장하는 인물만 2500여 명에 이른다.

는 최초의 복합 문화 시설이었다. 거대한 부지가 필요했던 아폴로 도로스는 네로의 황금 궁전을 흙으로 덮고 그 위에 욕장을 지었는데, 이 때문에 훗날 황금 궁전의 일부가 발굴될 수 있었다.

건축가 황제로서 트라야누스의 가장 중요한 업적은 109년 사재를 털어 아피우스 가도에 새로운 도로인 트라야누스 가도를 이어 붙였다는 것이다. 아피우스 가도는 로마 최초의 간선 도로로, 기원전 312년 감찰관 아피우스 클라우디우스 카이쿠스가 건설했다. 원래 이 길은 이탈리아반도 중앙 산간 지대를 장악한 삼니움인과의 전쟁에 대비할 목적으로 만들어진 탓에 처음에는 로마시부터 카푸아까지만 연결해 212킬로미터에 그쳤으나, 곧 브룬디시움까지 연장되며 그 길이가 582킬로미터에 달했다. 그 거대한 규모에 로마인들은 굉장한 자부심을 느꼈다. 1세기 후반의 시인 푸블리우스 파피니우스 스타티우스는 이 길을 '대로 중의 여왕'이라고 찬양할 정도였다. 다만 아피우스 가도는 군사적 요충지를 잇는 도로였기에 일반 시민들이 이용하기에는 불편함이 컸다.

트라야누스는 교통의 요지인 베네벤툼에서 이탈리아반도를 종단하는 아펜니누스산맥을 넘어 동해안을 따라 브룬디시움으로 내려가는 새로운 도로를 깔았다. 자연스레 지방의 상업 도시들을 연결한 트라야누스 가도는 경제적 기능이 뛰어나 많은 사람에게 환영받았다. 특히 트라야누스의 사재로 건설되었기 때문에 그의 명성을 높이는 데 크게 이바지했다.

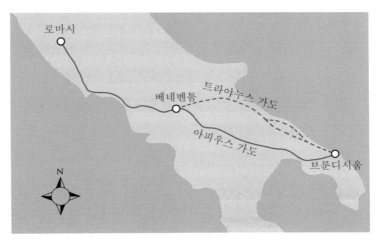

트라야누스 가도. 이탈리아반도 남부 동해안의 상업 도시들을 연결해, 아피 우스 가도에 비해 경제적 기능이 뛰어났다.

나무에서 떨어진 원숭이

다키아전쟁의 승리와 성공적인 공공 건축에 자신감을 얻은 트라 야누스는 대망의 파르티아 원정을 계획하게 되었다. 제국 동쪽의 파르티아는 기원전 1세기 이후 줄곧 크고 작은 문제를 일으켰기 때문에 어떤 지도자든 한 번쯤 원정을 고려했지만, 누구도 성공하 지 못한 터였다. 크라수스는 군기를 빼앗길 정도로 대패했고, 카이 사르는 원정 직전 암살당했으며, 안토니우스는 우방의 배신으로 제대로 된 싸움조차 하지 못했다. 결국 기원전 20년 아우구스투스 가 티베리우스를 보내 협상을 벌여 빼앗긴 군기를 돌려받는 선에서 대결을 마무리 지었다.

승승장구하며 적수가 없던 트라야누스도 파르티아 원정에 뛰어들었다. 1세기 들어 로마가 다키아전쟁에 승리하며 세력을 넓히자 파르티아는 민감하게 반응했다. 전쟁의 명분이 필요했던 트라야누스는 110년 파르티아의 왕 코스로이스가 자기 마음대로 로마에 우호적이었던 아르메니아의 왕을 폐위하자 이를 좋은 기회로 여겼다. 곧바로 파르티아 원정이 다키아전쟁만큼이나 로마의 영토를 확장하고 위엄을 높일 것이라고 원로원을 설득한 트라야누스는 113년 가을 로마군을 이끌고 파르티아를 향해 나아갔다. 그는 2년 만에 로마의 동쪽 국경을 티그리스강 및 유프라테스강의 상류부터 페르시아만까지 넓혔다. 그러면서 아르메니아 속주, 아시리아 속주, 메소포타미아 속주를 새로 얻었고, 극동으로 이어지는 대상로를 통제하게 되었다.

이로써 로마는 역사상 가장 넓은 영토를 차지했다. 동쪽으로는 페르시아만까지, 북쪽으로는 다키아까지, 서쪽으로는 브리타니아와 대서양 연안까지, 남쪽으로는 이집트와 북아프리카까지 아우르는 명실상부한 대제국이었다. 이에 원로원은 트라야누스에게 '파르티쿠스Parthicus'라는 칭호를 내렸다.

하지만 짧은 기간에 갑자기 영토가 넓어져서였을까. 곳곳에서 제국의 통치력이 흔들리며 동시다발적으로 반란이 일어났다. 메소포타미아 속주, 아시리아 속주, 아르메니아 속주가 반기를 들었고, 파르티아도 잃어버린 영토를 되찾기 위해 달려들었다. 도나우 강 유역의 사르마티아인과 록솔라니인의 움직임도 심상치 않았다. 브리타니아 북쪽, 스코틀랜드와의 접경지대에서는 로마군이 철수할 정도로 상황이 나빠졌다.

116년 열사병을 심하게 앓아 건강까지 나빠진 트라야누스는 메소포타미아 남부를 명목상 로마의 피보호자인 파르티아 왕자에게 넘기는 선에서 정복 전쟁을 종결지었다. 이후 귀환하던 중인 117년 8월 8일 킬리키아 속주의 항구 도시 셀레누스에서 64세의 나이로 사망했다. 그의 유해는 로마시로 수송되어 트라야누스 원주에 안장되었다.

"아우구스투스만큼 행복하게, 트라야누스만큼 유능하게"

트라야누스는 최초의 속주 출신 황제로서 치세의 거의 절반을 전쟁터에서 보냈다. 그는 다키아뿐 아니라 카이사르의 마지막 목표였던 파르티아까지 원정해 로마의 영토를 최대로 확장하는 업적을 성취했다.

트라야누스는 공공 건축에서도 로마의 위상을 높인 위대한 건설자였다. 그는 아폴로도로스라는 최고의 건축가를 기용해 제국 각지에서, 심지어 전쟁터에서도 공공 건축의 힘을 보여주었다. 이때 공공 건축은 그의 이름을 널리 알리는 선전 수단이었다. 실제로 그와 관계된 모든 건물, 도로, 다리 등에는 모두 '트라야누스'라는 이름이 붙었다.

무엇보다 트라야누스는 체계적인 복지 정책을 펼쳐 민생을 안정시켰다. 그는 이전의 로마 지도자들처럼 사재를 털어 돈을 뿌린 게 아니라, 철저히 법과 행정의 차원에서 복지 문제를 다루었다. 이로써 복잡하게 얽히고설킨 복지 문제, 인구 문제, 경제 문제를 한 번에 해결할 수 있었다. 그가 눈앞의 인기를 얻는 것보다 국가의 기반을 탄탄히 다지는 것이 훨씬 중요한 일임을 잘 이해한 지도자였기에 가능한 일이었다.

이처럼 트라야누스는 모든 부분에서 최고의 능력을 유감없이 보여준 황제였다. '옵티무스 프린켑스'라는 칭호는 결코 공치사가 아니었다. 3세기 중반 이후 신임 황제가 즉위하면 원로원은 "아우구스투스보다 더 행복하고, 트라야누스보다 더 훌륭한 황제가 되시라"라는 말로 축하를 건넸다. 그러나 실제로 이런 기대에 부응한 황제는 두 번 다시 등장하지 않았으니, 여전히 많은 사람이 트라야누스를 위대한 황제로 칭송하는 이유다.

로마의 길 6

제국의 비밀

타키투스가 말한 '제국의 비밀'은 사실 트라야누스가 아니라 제9대 황제인 베스파시아누스의 집권을 설명하며 나온 표현이었다. 네로를 마지막으로 율리우스-클라우디우스 황가의 통치는 종말을 맞이했다. 이후 속주 주둔군의 힘을 이용해 갈바, 오토, 비텔리우스가 차례로 잠시 황제가 되었으나, 모두 1년을 넘기지 못하고 살해당하거나 자살하고 말았다. 이후 유대-로마전쟁에 나가 있던 베스파시아누스가 제위에 올라 혼란을 수습함으로써 플라비우스 황가의 치세가 시작되었다. 이 혼란기에 타키투스는 제국의 어떤 비밀을 발견한 것일까.

사회 정의

이상한 이야기일 수 있지만, 당시 로마에는 누가 황제가 되어야 하는지를 규정한 법이 없었다. 율리우스-클라우디우스 황가의 치세 때는 으레 친자나 양자가 제위를 세습하리라고 생각했고, 또 실제로 그리했지만 어떤 규칙으로 정하지는 않았다. 원로원이 인정한다는 형식이 있을 뿐이었다. 그러다 보니 해당 황가가 끊어지며 문제가 발생했다.

이때 로마인들이 따른 것은 '로마시민권자는 모두 평등하다'는 사회 정의였다. 다만 제위에 오르고, 또 그 자리를 지키려면 군대의 힘이 필수적이었기에, 타키투스는 이를 "로마 군인이 있는 곳이라면 어디서든 황제가 탄생할 수 있다"라고 표현했을 뿐이다. 로마 특유의 역동성을 잘 드러내는 이 문장이 바로 제국의 비밀이었다.

로마는 이탈리아반도 안이든 밖 속주든 능력 있는 자들을 중앙 정계로 받아들이는 데 주저하지 않았다. 그가 시민이 아니라면 로마 시민권을 주어서까지 군대나 원로원으로 진출하게 해 로마를 위해 봉사하도록 했다. 즉 누구든 능력만 받쳐준다면 고위 정무관, 더 나아가 황제의 자리까지 얼마든지 올라갈 수 있었다. 실제로 당시 황제는 원칙상 '특권 있는 시민'에 불과했다.

오해하지 말아야 할 것은 제국의 비밀을 따라 황제가 된 이들이 모두 명군은 아니었다는 점이다. 타키투스 본인도 베스파시아누스의 공과를 꽤 객관적으로 평가했다. 제국의 비밀을 처음으로 이용해 제위에 오른 그조차 완벽하지 못했다는 것이다. 다만 전임자가 저지른 실책을 만회할 만한 능력 있는 인물이 등장할 수 있도록 여지를 남겨둔다는 점에서 제국의 비밀은 로마사 내내 유효했다.

7장

뚝심과 아집의
차이

하드리아누스Hadrianus
76년~138년

지도자의 결정은
무엇으로 평가받아야 하는가

사람들은 하드리아누스의
지나친 간섭과 엄격함을 싫어했다.
하지만 그의 신중함은 이런 단점을 충분히 상쇄했다.
일단 전쟁을 일으키지 않았고,
부당하게 금품을 갈취하지 않았다.
무엇보다 누군가 요청하기 전에
먼저 나서 문제를 해결했다.
_디오,《로마사》

하드리아누스는 트라야누스의 양자로, 로마의 제14대 황제였다. 그가 전임 황제들과 가장 달랐던 점은 로마시의 황궁에 앉아 총독이나 대리인을 통해 제국을 간접 통치하는 대신 현지에 가 직접 상황을 파악하고 해결했다는 것이다. 21년의 재위 기간 중 13년을 순행에 썼으니, 단순한 요식 행위가 절대 아니었다. 그의 순행에는 로마의 방어 능력을 극대화해 평화를 유지하겠다는 명확한 목적이 있었다. 실제로 그가 주도해 만든 각종 방어 시설은 외적의 침입을 막아내는 데 유효했다. 브리타니아 속주 북부에 쌓은 하드리아누스 장성과 제국 중북부의 자연 경계선인 라인-도나우강을 따라 정비한 성채 연결망이 그러했다.

황제의 순행 덕분에 로마는 더 안전해졌지만, 사실 이러한 평가는 위기가 심화하는 먼 훗날에나 받게 되는 것이었고, 당시로서는 비용이 너무 많이 들어 불만을 품은 사람도 많았다. 순행은 황제 혼자만 이동하는 것이 아니었다. 그의 가족은 물론이고 수많은 참모가 함께했다. 한마디로 정부가 통째로 이동했다. 당연히 경제적인 부담이 클 수밖에 없었다. 또한 황제가 속주의 특성을 무시하고 깊숙이 개입해 불필요한 갈등을 일으키기도 했다. 예루살렘이 있는 유대 지방에서의 소요가 그런 경우였다.

이처럼 하드리아누스도 다른 모든 지도자와 마찬가지로 공과가 엇갈리는 황제였다. 하지만 분명한 점은 그의 뚝심이 로마의 평화를 유지하는 데 크게 이바지했다는 것이다. 그의 삶은 지도자의 결심을 어떤 기준으로 판단해야 하는지 생각할 거리를 던져준다.

그리스를 사랑한 로마인

하드리아누스는 푸블리우스 아일리우스 하드리아누스Publius Aelius Hadrianus라는 이름으로 히스파니아 속주의 이탈리카에서 76년 1월 24일 태어났다. 그의 아버지는 트라야누스의 이종사촌으로 베스파시아누스가 다스릴 때 원로원 의원과 법무관을 지내며 출세 가도를 달렸다. 85년 그런 아버지가 죽자 아들이 없던 트라야누스와 역시 이탈리카에서 태어난 기사 신분 출신 푸블리우스 아킬리우스 아티아누스가 아홉 살 된 하드리아누스의 후견인이 되었다. 두 사람은 후견인이 마땅히 따라야 할 법적 책무 이상으로 하드리아누스에게 헌신했고, 그의 삶에 큰 영향을 미쳤다.

하드리아누스는 트라야누스 밑에서 다른 로마 청년들처럼 그리스어와 라틴어를 공부했다. 그는 특히 그리스어 및 그리스 문학과 철학을 좋아했고, 마침내 그리스 문화 전반에 푹 빠지게 되었다. 그는 풍모마저 그리스적인 것을 좋아했다. 이 때문에 '그리스쟁이'라는 뜻의 '그라이쿨루스Graeculus'라는 다소 조롱 조의 별명을 얻게 되었다. 로마인의 정체성이 강했던 트라야누스는 그런 하드리아누스를 못마땅해했던 것으로 보인다.

그러나 트라야누스의 아내 플로티나는 하드리아누스처럼 그리스 문화의 예찬자였다. 그리고 두 사람 사이에는 취향을 나누는 것 이상의 이성적 끌림도 있었던 듯하다. 이 또한 훗날 트라야누스와 하드리아누스의 관계가 소원해진 이유가 되었다.

그리스를 사랑한 하드리아누스였지만, 성공한 로마인이 되는 데 필요한 경력도 부지런히 쌓아갔다. 그는 95년부터 히스파니아 속주, 판노니아 속주, 모이시아 속주, 게르마니아 속주 등의 전선에서 복무했다. 99년에는 황제가 된 트라야누스와 함께 로마시로 돌아왔고, 100년에는 트라야누스의 증손녀 사비나와 결혼했다. 사비나는 아름다웠지만, 야외 활동과 그리스 문화에 빠진 하드리아누스와는 성향이 달라 결혼 생활은 형식적으로만 유지되었다. 요즘 말로 하면 '쇼윈도 부부'였던 셈이다. 하드리아누스는 동방의 속주들을 순행하던 중인 123년 만난 안티노우스라는 이름의 그리스 청년과 정신적으로나 육체적으로나 깊은 관계를 맺었다. 이처럼 과도한 그리스 사랑과 동성애는 그에 대한 부정적인 평가의 주요 원인이 되었다.

이처럼 '독특한' 취향을 가지고 있었지만, 청년 하드리아누스는 트라야누스의 총애를 받아 빠른 속도로 승진했다. 101년 재무관이 되었고, 제1차 다키아전쟁에 황제의 참모로 참전했다. 이후 원로원 기록관이 되었다가 105년에는 호민관으로 취임했고, 제2차 다키아전쟁에 군단장으로 참전했다. 이후 법무관, 판노니아 인페리오르 속주의 총독, 명목상 황제의 바로 아래 관직인 보궐 집정관, 신관을 역임했다. 하드리아누스의 출세에는 트라야누스 못지않게 플로티나의 영향도 컸다.

이처럼 누가 봐도 탄탄대로를 밟아온 하드리아누스였지만, '한 방'이 없었다. 즉 트라야누스가 그를 후계자로 점찍었다고 증거 삼을 만한 지위를 얻지 못했다. 심지어 그는 트라야누스의 최측근 장군들과도 원만한 관계를 맺지 못했던 듯하다. 물론 그런 와중에도 그리스 지역이 속한 아카이아 속주로 가 아테네 시민권을 받고 111년과 112년에 걸쳐 잠시 아테네의 집정관을 지냈다. 이때의 집정관은 로마의 집정관이 아니라 고대 아테네의 국가 원수인 '아르콘archon'을 의미하는데, 하드리아누스가 취임했을 때는 굉장한 명예직이었다. 이후 114년에는 시리아 속주의 총독이 되었는데,

당시 파르티아 원정에 나선 트라야누스의 배후를 지키는 중요한 역할이었다. 파르티아 원정이 절반의 승리로 마무리된 117년에는 다시 한번 집정관으로 내정되었다.

베일에 싸인 즉위

앞서 살펴보았듯이 117년은 트라야누스가 숨을 거둔 해로, 다음 황제는 누구일지가 초미의 관심사로 떠올랐다. 이제까지 모든 황제는 이탈리아반도 안에서 사망했으므로, 이를 빨리 파악한 원로원이 전임 황제의 유지에 따라 후임 황제를 선임해 혼란을 방지했다. 그런데 트라야누스는 원정을 마치고 돌아오는 중에 멀리 떨어진 곳에서 죽었고, 생전 후계자 문제를 정식으로 언급한 적도 없었다. 결국 이 문제는 본토 밖에서 해결되었다. 시리아 속주의 총독으로 안티오키아에 있었던 하드리아누스는 트라야누스가 사망하고 하루 뒤인 8월 9일 황제가 자신을 양자이자 후계자로 삼았다고 선포했다. 그리고 8월 11일에야 황제의 사망을 알렸다. 시리아 속주의 군단은 하드리아누스를 새 황제로 맞이했다.

그러나 디오에 따르면, 트라야누스는 하드리아누스를 총애했지만, 양자나 후계자로 언명하지는 않았다. 트라야누스에서 하드리아누스로 제위가 계승될 때는, 정치적으로나 군사적으로나 훨씬 뛰어난 장군들이 존재했다. 즉 상식적으로 판단했을 때, 군이 하드리아누스를 후계자로 삼을 필요가 없었다. 트라야누스의 죽음이 급사였다는 것도 혼란을 키웠다. 자연스레 황제의 죽음과 제위 계승을 둘러싼 모종의 음모가 있었다는 소문, 특히 플로티나가 의심스럽다는 소문이 나돌기 시작했다.

이러한 소문은 '4인 사건', 즉 하드리아누스가 본토로 돌아오기 전 저명한 집정관급 인사 네 명이 급히 처형된 일 때문에 더욱 들끓었다. 반역을 꾀했다는 혐의로 목숨을 잃은 그들은 평소 하드리아누스와 관계가 좋지 않았고, 또한 역시 제위 계승 후보로 평가받았던 유력자들이었다. 이에 많은 사람이 하드리아누스의 후견인이자 당시 그의 친위대장을 맡고 있던 아티아누스가 신임 황제를 위해 저지른 일이라고 생각했다.

물론 다르게 생각하면, 트라야누스가 파르티아 원정을 떠나며 하드리아누스를 시리아 속주의 총독으로 임명한 것 그리고 쇠약해져 원정을 마무리하며 그를 집정관으로 내정한 것이야말로 양자이자 후계자로 생각했다는 강력한 증거일 수 있다. 트라야누스가 이토록 중요한 후계자 문제를 멀리 떨어져 있는 본토의 유력자들에게 맡겼을 것 같지는 않다. 그런 점에서 임종을 앞두고 하드리아누스를 지명했을 가능성이 크다. 물론 그 과정에서 플로티나와 아티아누스가 큰 역할을 했을 수 있다. 그리스 사랑이 지나친 하드리아누스에게 불만이 많았던 본토의 유력자들은 모든 일이 바다 건너에서 진행되고 있으니 손쓸 여지가 없었을 것이다.

어쨌든 하드리아누스는 트라야누스가 사망했고, 자신이 그의 양자이자 후계자가 되었음을 원로원에 알렸다. 그리고 트라야누스의 시신을 안티오키아로 운반해 화장한 다음 유해를 로마시로 보냈다. 이 유해는 산 사람과 마찬가지로 개선식의 주인공이 되었고, 곧 트라야누스 원주에 안장되었다.

하드리아누스 본인은 곧바로 로마시로 돌아가기보다는 우선 원로원의 반발을 사지 않기 위해 그들의 특권을 존중하겠다고 약속했다. 딱히 대안이 없던 원로원은, 일부 반대하는 자들도 있었지만, 일단 하드리아누스를 새 황제로 인정할 수밖에 없었다. 이로써 모든 승계 절차가 마무리되었지만, 신중을 기하려는 듯 하드리아누스는 게르마니아 속주의 변경을 둘러보다가 1년 뒤인 118년 여름 로마시에 입성했다.

아우구스투스의 환생?

하드리아누스는 가장 먼저 원로원을 찾았다. 당시 원로원의 분위기는 뒤숭숭했다. 황제로 임명되고 1년이 지나 그리스인처럼 수염을 기르고 나타난 하드리아누스가 어떤 태도를 보일지 몰랐기 때문이다. 무엇보다 4인 사건에 대한 그의 본심을 알고 싶었을 것이다.

하드리아누스는 자신은 그들의 처형을 승인하지 않았다며, 오

수염을 기른 하드리아누스. 아테네에서 발굴된 그의
두상으로 덥수룩한 수염이 눈에 띈다. 당시 수염은
그리스 문화로, 하드리아누스 이전까지 '수염을 기른
로마인'은 상상도 할 수 없었다. 이것만 보아도 그의
그리스 사랑이 얼마나 대단했는지 알 수 있다.

히려 원로원에 책임을 돌렸다. 그러면서 아티아누스의 신분을 원로원 의원으로 높이며 자기 세력을 공고히 했다. 동시에 당근도 제시했으니, 원로원 의원들이 배심원으로 참여하는 법정에서 유죄가 선고되지 않는 한 어떤 의원도 처형되는 일이 없을 것이라고 약속했다. 4인 사건의 재발 방지를 선언한 것이었다. 물론 이런저런 선물을 뿌리고, 각종 부채와 세금을 감면하는 등 민심을 사로잡기 위한 일에도 적극적으로 나섰다.

원로원과 관계를 회복하며 내정을 시급히 안정화한 것은 더 중요한 문제가 있었기 때문이다. 하드리아누스가 제위에 올랐을 때 제국은 다키아 속주, 모이시아 속주, 마우레타니아 속주, 브리타니아 속주 등에서 벌어진 반란으로 혼란스러운 상황이었다. 이는 전임 황제인 트라야누스가 공격적인 영토 확장을 벌인 결과였다. 제국의 영토를 최대로 확장한 그는 정복 군주의 영광과 명예를 누렸으나 반란을 수습하지 못한 채 죽었고, 그 뒷수습은 이제 막 제위에 오른 하드리아누스의 몫이 되었다. 마치 카이사르의 후계자 아우구스투스가 처한 상황과 유사했다. 하드리아누스는 가장 먼저 모이시아 속주로 가 사르마타이인과 록솔라니인을 진압했다. 급한 불을 끄고 돌아온 하드리아누스는 팽창 일변도의 대외 정책을 추구했던 트라야누스와 달리 국경을 안전하게 유지하는 데 초점을 맞추겠다고 선언했다. 계속해서 무리하게 영토를 넓히려다가는 제국의 자원과 인력이 크게 손실될 게 뻔했기 때문이다.

하드리아누스는 특히 제국 동부의 국경을 다시 조정했다. 트라야누스가 속주로 확보했던 메소포타미아를 파르티아에 반환하고, 아르메니아를 속주가 아닌 피보호국으로 두었다. 마치 기원전 20년 아우구스투스가 파르티아와 조약을 맺어, 크라수스가 빼앗겼던 군기를 돌려받는 선에서 제국 동부의 평화를 회복한 일을 의도적으로 모방한 듯했다. 실제로 아우구스투스가 원로원에서 '아우구스투스' 칭호를 받고 150주년이 되는 123년 발행된 주화에 '하드리아누스 아우구스투스'라는 문구가 새겨졌다. 많은 사람이 '새로운 아우구스투스'가 펼쳐 보일 '새로운 평화'를 기대했다.

물론 원로원 의원 중에는 방어 중심의 온건한 대외 정책을 강하게 비판하는 자들도 있었다. 어렵게 얻은 영토를 포기한다는 것이 선뜻 받아들일 수 있는 일은 아니었을 테다. 그러나 관리할 수 있는 만큼의 영토만 두자는 황제의 생각은 합리적·현실적이었기에 결국 모두가 동의하게 되었다.

지도자 본 색	지도자는 다양한 이유에서 정치적 결정을 내린다. 자신의 이익을 위해서일 수도 있고, 자신의 당파를 위해서일 수도 있다. 다만 그 결정의 궁극적인 평가 기준은 공공의 이익이어야 한다. 그래야만 공공의 이익을 최우선으로 따지는 지도자가 탄생할 수 있다.

친히 찾아가는 서비스

하드리아누스는 다른 로마 황제 중 누구와도 비교하기 어려울 정도로 '발로 뛰는' 지도자였다. 아우구스투스 이후로 황제들은, 한때 카프리섬에 칩거하며 대리인을 두었던 티베리우스를 제외한다면, 대체로 로마시나 최소한 이탈리아반도 안에 머무르며 제국을 통치했다. 전쟁이나 반란 등 특별한 상황이 벌어지지 않는 한 속주는 총독이나 대리인이 다스렸고, 중요한 내용은 보고서나 서신을 통해 황제에게 전달되었다.

반면에 하드리아누스는 직접 제국 전역을 찾아 장시간 머무르며 속주민의 민원을 듣고 신속히 처리하는 방식을 선호했다. 이처럼 민생을 일일이 챙기고 총독들의 부당한 권력 남용을 원천적으로 차단하자 자연스레 속주민의 지위가 크게 향상되었다. 연장선에서 속주의 유력자들에게 로마시민권이나 라틴시민권을 부여하니, 제국 전체의 로마화가 더욱 빨라졌다.

앞서 살펴본 것처럼 하드리아누스는 안티오키아에서 황제로 추대된 뒤에도 1년 정도 게르마니아 속주의 변경을 시찰한 다음에야 로마시에 입성했고, 즉위 후에도 거의 곧바로 순행에 나섰다. 이후 21년의 재위 기간 중 절반 이상을 속주들과 국경을 살피고, 현지의 문제를 직접 해결하는 데 썼다. 순행에는 수많은 비서와 관리, 측근, 근위대는 물론이고 가족까지 함께했기에 황제가 있는 곳이 사실상 '임시 수도'였다.

그의 순행은 크게 두 차례로 나뉘는데, 121년 시작된 제1차의 경우를 살펴보면 이렇다. 우선 갈리아 속주와 라인강 유역을 돌아보고, 이듬해 브리타니아 속주로 갔다가 다시 갈리아 속주를 거쳐 히스파니아 속주에 도착해 겨울을 보냈다. 123년 봄 마우레타니아 속주에서 로마인들을 공격한 무어인들을 응징했다. 비슷한 시기 파르티아가 평화 조약을 깨고 동부 국경을 침공했다는 소식을 듣고 급히 아시아 속주의 에페소스로 건너갔다. 이에 파르티아가 협상을 제안해 군사적 충돌은 일어나지 않았다. 하드리아누스는 그곳에서 각종 문제를 해결했을 뿐 아니라, 신전, 목욕탕, 수로, 극장 등을 세웠다. 이어서 시리아 속주로 이동했다.

이처럼 하드리아누스의 지도력은 현장에서 빛을 발했다. 하지만 제2차 순행 중 속주의 문화를 고려하지 않은 채 자기 뜻을 관철하는 치명적 실수를 저질렀다. 그는 128년 시리아 속주를 떠나 시칠리아 속주, 북아프리카 일대, 이집트 속주, 소아시아 일대, 마케도니아 속주를 순행했는데, 문제는 129년 유대 지방에서 터졌다. 유대인들의 성지 예루살렘 근방에 아일리아 카피톨리나라는, 자신의 씨족명을 붙인 식민시를 건설하려 한 일이 시작이었다. 특히 로마-유대전쟁이 한창이던 70년에 파괴된 예루살렘 성전 터에 유피테르 신전을 세운 것이 최대의 실수였다. 자신이 저지른 일의 의미를 전혀 알지 못한 하드리아누스는 아무렇지 않게 이집트 속주를 들렀다가 로마시로 돌아갔다.

타 문화에 대한 몰이해가 얼마나 큰 비극을 초래하는지가 곧 드러났다. 60여 년 전 유대인들이 보여준 거센 분노가 다시 타올랐다. 유일신 신앙을 목숨처럼 여기던 그들은 132년 가을 현지의 로마군을 공격했고, 얼마간 예루살렘을 장악하는 데 성공했다.

유대인들의 반란 소식을 들은 하드리아누스는 급히 시리아 속주로 출동했고, 여러 속주에 나가 있던 군단들을 역시 시리아 속주로 소환했다. 로마군은 고립 작전을 펼쳐 반란군의 식량과 식수 보급을 차단했다. 이후 진행된 진압 과정에서 유대인 50만 명 이상이 죽었다. 135년 반란이 완전히 진압되자 예루살렘은 적막감만 감도는 죽음의 도시가 되었다. 남은 유대인들은 강제로 이주당했고, 정해진 날만 예루살렘에 출입할 수 있었다. 결국 예루살렘 근방에 아일리아 카피톨리나가 들어섰고, 유대 지방은 시리아 팔레스티나 속주로 재편되어 철저하게 관리되었다. 유대인들은 제국 곳곳으로 흩어졌고, 다시 나라를 세우기까지 1800여 년을 기다리게 될 터였다. 그렇게 유대인들의 비극, 디아스포라의 역사가 시작되었다.

팽창하는 로마에서 방어하는 로마로

사실 유대인들의 반란과 진압은 매우 예외적인 경우였고, 하드리아누스의 순행은 대부분 방어 체제 구축에 초점을 맞추었다. 그는 트라야누스가 추구한 공격적인 팽창 정책을 일찍이 버리고, 확보한 영토를 확실히 지켜내는 데 뜻을 두었다. 대표적인 예가 브리타니아 속주에 구축한 하드리아누스 장성이었다. 당시 방어 정책의 정석으로 평가받았던 이 장성은 칼레도니아(오늘날 스코틀랜드)에서 내려오는 켈트족을 막기 위해 지어졌다. 122년부터 5년여의 공사 끝에 동쪽 끝의 뉴캐슬부터 서쪽 끝의 칼라일까지 118킬로미터를 가로지르는 높이 5미터, 폭 3미터의 장성이 모습을 드러냈다. 장성을 따라 열다섯 개의 요새가 설치되어 켈트족의 남하를 효과적으로 저지할 수 있었다.

그렇다고 하드리아누스 장성이 폐쇄에만 목적을 두었던 것은 아니다. 성문을 지나는 도로가 북쪽으로 이어졌고, 로마인의 정착지도 생겨났다. 하지만 장성은 장성인지라, 17세기 들어 잉글랜드와 스코틀랜드가 통합될 때까지 그레이트브리튼섬의 남과 북이 독자적인 정치 체제와 문화를 형성하는 데 큰 영향을 미쳤다.

게르마니아 속주에는 남부 경계를 따라 도랑을 파고 2.7미터 길이의 참나무 말뚝 수만 개를 박아 '게르만 경계'라는 뜻의 성채 연결망 '리메스 게르마니쿠스Limes Germanicus'를 설치했다. 그 길이만 550킬로미터에 달했으니, 중간중간 놓인 성채의 수비대가 게르만족의 남하를 효과적으로 막아냈다. 이 성채들은 교역을 위한 검문소 역할도 했다.

하드리아누스 장성과 요새 터. 그레이트브리튼섬을 남북으로 가르는 긴 장성
이다. 방어에 초점을 맞추는 하드리아누스식 대외 정책의 특징이 잘 드러나
는 건축물이다.

하드리아누스가 장성만 쌓았던 것은 아니다. 공격뿐 아니라 방어에도 중요한 것은 결국 군대다. 이를 잘 알고 있었던 하드리아누스는 우선 로마 군단의 징집 문제를 해결했다. 원래 군단은 로마 시민으로만 구성되었는데, 시간이 지날수록 변경이 본토와 멀어지다 보니, 병력 충원에 어려움이 있었다. 이에 대부분의 신병이 주둔지 근처에서 태어난 병사들의 자녀로 채워지기 시작했다. 이에 신병들에게 아버지의 부동산을 상속할 수 있는 권한을 줘, 많은 이가 자원 입대하도록 유인했다.

하드리아누스는 속주민으로 구성된 보조 군단도 손보았다. 이들의 임무는 변경 요새를 지키는 것이었는데, 그 밖의 상황에 대비한 새로운 보조 군단 '누메리numeri'를 창설했다. 누메리는 소규모 기동 부대로 경보병과 기병으로 구성되었다. 그들은 로마인 백인대장의 지휘를 받으며, 현지어와 고유한 병법을 활용해 로마 군단을 보조했다.

연장선에서 하드리아누스는 로마 군단과 보조 군단의 시너지를 극대화할 새로운 전술을 도입했으니, 바로 '팔랑크스phalanx'였다. 팔랑크스는 중장보병이 밀집해 방패로 자신과 동료를 가린 채 그 위로 긴 창을 빼 적을 공격하는 대형으로, 방어력과 공격력이 모두 우수했다. 공격 시에는 보조 군단이 선제공격을 가해 적을 혼란케 한 상태에서 로마 군단의 팔랑크스가 최후의 일격을 가했고, 방어 시에는 역시 보조 군단이 먼저 나서 적의 전력을 약화한 다음 로마 군단의 단단한 팔랑크스가 마지막까지 거점을 지켜냈다. 이러한 전술은 현지 환경에 능숙한 보조 군단과 전력이 막강한 로마 군단이 힘을 합친다는 점에서 성공 확률이 높았다. 결국 팔랑크스는 이후 군사 작전의 표준이 되었다.

사회적 약자를 향하는 지도자의 시선

내치에 해당하는 정치 개혁도 단행되었다. 공화정에서 제정으로 이행하며 가장 크게 달라진 것은 원로원의 위상이었다. 아우구스투스는 원로원의 정원을 900명에서 600명으로 줄여 술라 개혁 때의 규모로 되돌렸다. 또한 각종 사안을 황제와 그 친구들 그리고 원로원 내 저명한 인사들의 모임인 자문 회의에서 처리하게 했다. 그러나 하드리아누스는 자문 회의를 여러 행정 부서의 장과 정무 수석 그리고 법률가가 모여 제국의 주요 정책을 논의하는 상설 기구로 재편했다. 이곳은 원로원 의원과 고위 정무관의 범죄를 심리하고, 민법과 형법을 제정하거나 해석하는 사법 기관의 역할도 수행했다.

하드리아누스는 로마 법제사에 많은 업적을 남겼다. 특히 법률가들이 합의해 제출한 보고서에 법적 권위를 부여해, 판사들이 유사한 사건을 심의할 때 참고할 수 있도록 했다. 이것은 6세기 동로마제국의 유스티니아누스 대제가 편찬한《로마법 대전》의 토대가 되었다.

다음으로 법무관 고시를 손보았다. 이는 업무를 시작한 법무관이 자기가 맡게 될 재판의 판단 기준을 공지하는 것으로, 공화정 때부터 존재했다. 문제는 법무관의 주관에 크게 의존하다 보니, 상호 모순되는 경우가 잦았다는 것이다. 하드리아누스는 법률가들의 도움으로《영구고시록》을 편찬해 이를 따르게 했다.

또한 황제의 칙법이 법의 근원으로 자리 잡게 했다. 이 칙법에는 황제가 명령권을 발동해 선포한 고시, 사법적 명령과 판결, 구체적 법 조항에 대한 서면 문의에 답한 문서, 관리들에 대한 위임 사항과 행정 지침이 포함되었다.

마지막으로 시민 담당 법무관들의 과도한 업무를 덜어주기 위해, 집정관급 인사들을 판사로 뽑아 각 지역을 돌며 상속, 신탁, 후견 등의 민생 문제를 처리하게 했다. 이처럼 다양한 차원에서 진행된 하드리아누스의 사법 개혁은 로마의 법질서를 바로 세우는데 크게 이바지했다.

스토아학파와 견유학파의 철학에 영향받은 하드리아누스는 사회적 약자를 보호하는 일에도 관심을 기울였다. 우선 고문과 거세를 포함해 주인이 노예를 학대하지 못하게 하고, 검투사로 팔지 못하게 했다. 또한 자녀에 대한 가장의 생사 여탈권을 박탈하고, 미성년자도 재산을 상속받아 소유할 수 있게 했다.

무엇보다 네르바와 트라야누스의 복지 제도가 다시 활성화되도록 공을 들였다. 이를 위해 가난한 시민의 자녀를 교육하고 부양하는 데 국가가 적극적으로 관여하겠다는 원칙을 세우고, 공공 기금의 집행을 감독할 아동 복지 감독관을 임명했다. 아울러 중등 교사들의 연금으로 사용될 공공 기금을 조성했다.

로마 건축의 정수

하드리아누스의 업적 중 다른 황제들을 압도할 만큼 탁월한 것은 바로 제국 전역에서 추진된 공공 건축이었다. 이 점에서 하드리아누스는 자기 자신을 제2의 아우구스투스로 내보이고 싶어 했다.

　가장 대표적인 건축물이 로마시의 판테온이다. 원래 판테온은 기원전 27년 아그리파가 티베리스강 옆에 세운 만신전이었다. 그런데 80년경 화재로 소실되었고, 이에 하드리아누스가 118년경 재건축을 명해 125년경 완공되었다. 이런 역사 때문에 다시 지은 판테온 정면에는 "루키우스의 아들 마르쿠스 아그리파가 3선 집정관 임기에 세웠다"라는 명문이 새겨져 있다. 만신전이니 만큼 다신교의 상징이었으나, 608년 동로마제국의 황제 포카스가 교황 보니파시오 4세에게 기증하며 성모마리아성당이 되었다. 로마의 건축물 중 가장 보존이 잘되어 지금도 둘러볼 수 있다.

　아직 남아 있는 또 다른 건축물로는 하드리아누스 대능원이 있다. 로마에는 두 개의 황실 무덤이 있었는데, 기원전 28년 조성된 아우구스투스 대능원과 134년경 조성된 하드리아누스 대능원이었다. 전자에는 아우구스투스부터 네르바까지, 후자에는 하드리아누스부터 카라칼라까지 황제와 그 가족의 유해가 안장되었다. 특히 하드리아누스 대능원은 규모가 성만큼 커서 401년 요새로 개조되었고, 410년 게르만족의 침입 때 많은 유물이 약탈당했다. 590년 교황 그레고리오 1세가 흑사병 종식을 위해 기도하는 중 대천사 미카엘이 이곳 위에서 칼을 칼집에 넣는 환상을 보았다고 해, 이후 '천사의 성'이라는 뜻의 '산탄젤로Sant'Angelo성'으로 불렸다. 이에 1536년 산치오 라파엘로가 성의 꼭대기에 미카엘 대리석상을 세우기도 했다. 이후 유사시 교황의 피난처, 요새, 감옥 등으로 사용되었고, 1901년부터 박물관으로 쓰이고 있다.

지금은 일부 흔적만 남은 베누스 로마 신전도 하드리아누스가 남긴 대표적인 건축물이다. 이 신전은 135년 로마의 시조 아이네아스의 어머니인 베누스 여신과 로마의 수호여신 로마를 기리기 위해 만들어졌다. 당시 로마에서 가장 큰 신전이었는데, 하드리아누스가 직접 설계해 네로의 황금 궁전에서 현관이 있던 자리에 지었다고 한다. 베누스 신전과 로마 신전은 서로 내실을 등지고 붙어 있었는데, 베누스의 상징인 '사랑'의 라틴어 'amor'와 '로마'의 라틴어 'roma'의 알파벳 배열이 대칭이라는 점을 반영한 설계였다. 이때 베누스 상은 콜로세움을, 로마 상은 포룸 로마눔을 바라보았다. 아폴로도로스가 베누스 상이 너무 크다고 했다가 목이 달아났다는 일화가 전해진다.

로마 황제의 아테네 재건 프로젝트

하드리아누스는 여러 곳을 순행했지만, 가장 사랑한 곳은 역시 아테네였다. 그는 황제가 되기 전 아테네의 집정관을 지내며 그곳의 위상을 높일 계획을 세웠는데, 즉위 후 아테네 재건 프로젝트로 구체화했다. 125년 아카이아 속주를 순행한 하드리아누스는 아테네를 해당 지역의 중심 도시로 만들고자 했고, 그 누구보다 그리스 문화 애호가인 자신이야말로 이 일에 적임자라고 자부했다.

하드리아누스는 특히 오랫동안 방치된 제우스 신전에 주목했다. 제우스 신전은 참주 페이시스트라토스의 아들 히피아스가 기원전 515년경 짓기 시작했는데, 그가 아테네인들에게 쫓겨나는 바람에 완공되지 못한 채로 남아 있었다. 아테네인들은 참주가 시작한 건축에 관심을 보이지 않았고, 아테네의 전성기를 주도하며 파르테논 신전 건축에 열정을 쏟은 페리클레스마저 제우스 신전을 안중에 두지 않았다. 헬레니즘 시대인 기원전 174년 셀레우코스제국의 안티오코스 4세가 나서 공사를 재개했지만, 기둥 위의 부분들까지 완성되었을 때 그가 죽는 바람에 또다시 미완의 상태로 남게 되었다.

그렇게 처음 공사를 시작하고 650여 년이 지난 132년이 되어

서야 하드리아누스의 손에서 완성된 제우스 신전은, 최고신의 위상에 걸맞게 아테네에서 가장 큰 규모를 자랑했다. 오늘날 15개만 남아 있는 신전 기둥은 원래 104개로, 46개인 파르테논 신전보다 월등히 컸음을 알 수 있다.

이러한 하드리아누스의 그리스 사랑을 아테네인들은 영광으로 생각했다. 그들은 제우스 신전 완공과 하드리아누스의 아테네 방문을 기념해 하드리아누스 기념문을 세웠다. 이 기념문은 파르테논 신전이 있는 구도심과 제우스 신전이 있는 신도심의 경계에 서 있었다. 이때 기념문의 구도심 쪽에는 "이곳은 아테네, 테세우스의 옛 도시다"라는 문구를, 신도심 쪽에는 "이곳은 하드리아누스의 도시이지, 테세우스의 도시가 아니다"라는 문구를 새겨놓았다. 하드리아누스를 향한 아테네인들의 마음은 이토록 컸다.

구도심의 중심인 아크로폴리스의 북쪽에는 하드리아누스 도서관이 지어졌다. 이곳은 파피루스로 된 책이나 아테네의 주요 공문서들을 보관하고, 철학자나 수사학자의 강연, 아테네를 방문한 외국 사절의 연설을 듣는 공간으로 쓰였다.

지도자가 공과 사를 구별하지 못할 때

하드리아누스는 이처럼 제국 곳곳을 순행하며 열정적으로 통치했다. 하지만 130년대 들어 개인적으로나 국가적으로나 힘든 일들이 연거푸 발생했다. 우선 사랑하는 청년 안티노우스가 130년 나일강에서 열린 축제에 참가했다가 밝혀지지 않은 이유로 급사했다. 당시 그는 스무 살밖에 되지 않았고, 시신마저 일주일 만에 발견되는 등 여러모로 충격적인 죽음이었다. 앞서 살펴본 132년의 유대 반란도 황제를 낙심하게 했다. 지금까지 추구한 대외 정책을 스스로 불신하게 되었기 때문이다. 이에 심신이 지친 하드리아누스는 순행을 그만둘 수밖에 없었다. 이후 그는 두 번 다시 이탈리아반도를 떠나지 않았다. 그러나 로마시의 황궁은 그에게 안식을 주지 못했다. 사실 전임 황제들도 대부분 로마시 근교나 이탈리아반도 서해안의 휴양지에 별장을 지어 거주했다.

하드리아누스도 말년을 보낼 새로운 거처를 물색했다. 위치는 로마시에서 아니오강을 따라 북동쪽으로 30킬로미터 떨어진 티부르로 정했다. 티부르는 하드리아누스의 고향인 이탈리카 출신들이 선호했던 휴양지기도 했다. 이곳에 지어진 별장에는 황제와 그 가족, 시종과 호위병이 모두 함께 생활했다. 한마디로 작은 궁전 단지였는데, 1제곱킬로미터 크기의 부지에 30여 채의 크고 작은 건물이 들어서 있었다. 동쪽으로 30킬로미터 떨어진 산에서 물을 끌어와 길이 121미터, 폭 18미터의 인공 호수를 채웠고, 대형 목욕탕도 지었다. 무엇보다 이곳은 안티노우스를 추모하는 공간이었다. 이에 신격화한 안티노우스의 동상이 들어섰고, 그를 추모하는 사당이 마련되었다.

별장은 안티노우스가 죽고 4년 후인 134년 완공되었고, 하드리아누스는 138년 죽을 때까지 이곳에 은둔하며 외롭고 쓸쓸한 말년을 보냈다. 이처럼 말년의 하드리아누스를 사로잡은 것은 안티노우스를 그리워하는 마음뿐이었다. 안티노우스를 향한 하드리아누스의 사랑은 그가 살아 있을 때보다 죽고 나서 더욱 과감하게 표현되었다. 하드리아누스는 안티노우스를 신으로 선언했고, 그가 죽은 나일강 근처의 도시 하드리아노폴리스의 이름을 안티노폴리스로 개칭했다. 그곳에는 안티노우스 신전이 세워졌고, 그의 제사를 관장하는 사제들도 임명되었다. 제국 곳곳에서 그를 기리는 축제와 경기가 열렸다. 이러한 안티노우스 숭배는 다른 이교들이 그러했듯이 그리스도교가 제국 종교로 선언되는 4세기 말까지 계속되었다.

"증오 속에서 죽다"

당연한 이야기지만, 황제의 죽음이 다가오면 후계자 문제를 둘러싸고 늘 대립이 발생했다. 136년 하드리아누스는 병상에 누워 루키우스 케이오니우스 콤모두스를 후계자로 지명하고 양자로 입양했으나, 원로원의 반대에 부딪혔다. 서른다섯 살인 그가 잘생겼다는 것 말고는 어떠한 자질도 없다는 이유에서였다. 특히 제위 계승 1순위로 자타가 공인하던 하드리아누스의 종손從孫 루키우스

236

페다니우스 푸스쿠스 살리나토르가 강력하게 반발했다. 이에 크게 분노한 하드리아누스는 반역죄를 뒤집어씌워 살리나토르를 처형하고, 그의 할아버지이자 자신의 의형제인 아흔 살의 루키우스 율리우스 우르수스 세르비아누스를 자결하도록 강요했다. 이로써 모든 장애물을 처리했으나, 138년 새해 첫날 케이오니우스가 결핵으로 사망하며 모든 노력이 수포로 돌아갔다.

하드리아누스가 점찍은 다음 후계자는 51세의 티투스 아우렐리우스 풀부스 안토니누스(훗날의 안토니누스 피우스 황제)였다. 다만 죽은 케이오니우스의 아들 루키우스 케이오니우스 콤모두스(훗날의 마르쿠스 아우렐리우스 황제)와 자신의 먼 친척이자 안토니누스의 처조카 마르쿠스 안니우스 베루스(훗날의 루키우스 베루스 황제)를 입양해야 한다는 조건을 내걸었다. 이 중 베루스가 황제와 지적 취향이 비슷했으므로, 사람들은 그가 결국 진정한 후계자라고 수군거렸다. 그렇다면 나이가 많은 안토니누스는 '임시' 황제이고, 케이오니우스는 '예비용'인 셈이었다. 흥미로운 점은 이 셋 중 정작 재위 기간이 가장 짧았던 이는 베루스였다는 것이다.

즉위 전에도 그리고 치세 말년에도 하드리아누스는 후계자 문제를 둘러싸고 피를 뿌렸다. 그래서일까. 세르비아누스가 죽어가며 뱉은 저주대로 그는 여러 질병에 걸린 채 괴로워하다가 138년 7월 10일 62세의 나이로 죽었다. 수에토니우스는《황제열전》에서 "그가 모든 사람의 증오 속에서 죽었다"라고 기록했는데, 당시 하드리아누스가 얼마나 독불장군처럼 굴었는지를 짐작하게 한다. 비록 많은 업적을 남겼지만, 로마보다 그리스를 사랑했고, 동성애에 빠져 공과 사를 구별하지 못했던 '비로마적' 황제에 대한 미움이 작지 않았으리라.

지도자의 공과

누구에게나 공과는 있다. 모든 사람에게 찬사받는 지도자는 있을 수 없다. 제국의 최전성기를 이끈 오현제 중 마르쿠스 아우렐리우스와 함께 높은 지성과 교양으로 찬사받은 하드리아누스도 부족한 점이 있었다.

일단 즉위 과정이 투명하지 않았다. 디오는 트라야누스가 일찍부터 하드리아누스의 후견인이었고 가장 가까운 남자 혈족이었는데도 그를 후계자로 언급하지 않았다는 점, 트라야누스가 숨을 거둔 장소에 플로티나와 하드리아누스의 지지자들만 있었다는 점, 원로원에 전달된 하드리아누스의 입양을 알리는 트라야누스의 편지에 플로티나의 서명만 있었다는 점을 들어 트라야누스는 하드리아누스를 양자로 삼지 않았다고 단언했다. 물론 황제 후보로 물망에 올랐던 유력자 네 명이 급히 처형당했던 일도 하드리아누스의 평판을 크게 떨어뜨리는 요인이 되었다.

그러나 이보다 더 큰 문제는 하드리아누스의 과도한 그리스 사랑이었다. 로마 황제 중 그만큼 그리스 문화에 빠진 사람은 없었다. 그리스 문학과 철학에 조예가 깊었던 것은 물론이고, 그리스 문화의 상징인 수염을 기른 최초의 황제였다. 연장선에서 하드리아누스가 그리스 문화와 무관하지 않은 양성애자, 또는 동성애자였다는 사실은 그의 말년을 더욱 어둡게 했다. 자기보다 서른다섯 살이나 어린 안티노우스와 7년간 깊은 관계를 맺고, 그가 죽자 신격화한 행위는 전통적인 로마 문화와 가치관에 익숙한 지배층에 큰 반감을 불러일으켰을 것이다.

이런 모든 과오에도 하드리아누스가 오현제에 드는 것은 순행으로 보여준 지도력 덕분이다. 광대한 제국의 국경을 지키기 위한 그의 노력은, 유대 반란 정도를 제외한다면, 로마의 평화에 크게 이바지했음이 틀림없다. 그의 순행이 얼마나 대단한지는 후임 황제들의 사례를 보면 잘 드러난다. 다음 황제인 안토니누스 피우스는 곧바로 순행을 중단했는데, 그러면서 발생한 크고 작은 문제들이 쌓여 그다음 황제인 마르쿠스 아우렐리우스 때 폭발했다. 이로써 전쟁과 소요가 끊이지 않다가 결국 오현제 시대가 저물었으니, 하드리아누스의 지도력과 뚝심은 충분히 재평가받을 만하다.

로마의 최종 병기

로마군은 전통적으로 방패를 잘 다루는 군대였다. 로마군 하면 가장 먼저 떠오르는 것 중 하나가 바로 네모난 방패다. 이 방패는 짧은 칼과 함께 로마군의 기본 무장으로, 효과적인 밀집 대형을 짤 수 있었다. 즉 1열은 정면을 향해, 그 뒤의 열들은 머리 위로 방패를 들면, 마치 큰 거북이처럼 적의 공격을 막아낼 수 있었다. 그래서 전술의 이름도 '거북이'를 의미하는 '테스투도testudo'였다.

팔랑크스

하드리아누스가 도입한 팔랑크스는 테스투도보다 훨씬 단단하고 대규모의 밀집 대형을 짤 수 있었다. 원래 팔랑크스는 그리스에서 유래했는데, 기동성을 해치지 않는 원형 방패와 긴 창이 특징이었다. 이 창을 더욱 길게 만들고, 더 많은 병사로 밀집 대형을 짠 것이 마케도니아식 팔랑크스로, 하드리아누스는 이것을 참고했다.

팔랑크스는 기본적으로 고도로 훈련된 병사들만 사용할 수 있는 전술이었다. 방패를 겹쳐 들어 전우를 지켜줘야 했고, 보폭을 맞춰 걷거나 뛸 수 있어야 했으며, 앞 열의 병사가 쓰러지면 뒤쪽에서 바로 빈 자리를 메꿔야 했다. 이 모든 것이 일사불란하게 이뤄질 수만 있다면 거의 무적에 가까웠다. 다행히 제정 시기의 로마 군단은 엄격하게 훈련받는 직업 군인들로 구성되어 있었고 테스투도에 익숙했던 덕분에, 팔랑크스를 익히는 데 큰 어려움이 없었다.

다만 팔랑크스에는 치명적인 약점이 있었으니, 기동성이 매우 떨어진다는 점이었다. 특히 마케도니아식 팔랑크스는 규모가 워낙 커이런 단점이 더욱 두드러졌다. 만약 적군이 기병 등을 활용해 밀집대형의 좌우 면을 빠르게 친다면, 제대로 대응할 수 없었다. 이에 하드리아누스는 중장보병으로 팔랑크스를 짜는 로마 군단과 기동성이 좋아 다양하게 써먹을 수 있는 보조 군단의 협력을 강조했다. 이둘은 전장에서 최고의 시너지를 발휘하며 제국의 국경을 튼튼하게지켜냈다.

8장

함께 통치하는 지혜

디오클레티아누스Diocletianus
244/245년~311/312년

권력은 나눌수록 커진다

두 부황제는 두 황제를 지고의 권위자로 대했다.
특히 황제들은 디오클레티아누스를 끝없이 존경했다.
그들에게는 권력을 둘러싼 갈등이 전혀 없었다.
그 결속이 세상에서 찾아보기 어려울 만큼 단단했기에,
음악에 비유한다면 지휘자의 능숙한 지도에 따라
신비로운 화음을 내는 사중창 자체였다.
_에드워드 기번, 《로마제국 쇠망사》

마르쿠스 아우렐리우스를 끝으로 네르바부터 시작된 오현제 시대는 막을 내렸다. 이후 로마는 '3세기의 위기'라 불린 혼란의 시대를 맞이했다. 위기는 변경에서 시작되었다. 제국의 북부에서는 게르만족이, 동부에서는 페르시아제국이 시시때때로 국경을 침범했다. 물론 로마도 가만히 있지는 않았다. 유능한 장군들이 군단을 이끌고 외적을 막아내며 전공을 쌓았다. 하지만 역설적으로, 바로 이 때문에 위기가 심화했다. 승리한 장군들이 황제의 자리를 탐해 권력 투쟁에 열을 올렸기 때문이다. 이로써 235년부터 284년까지 무려 20여 명의 황제가 등장했으니, 평균 3년도 자리를 지키지 못하고 살해당하거나 쫓겨났다. 이처럼 3세기 로마는 안과 밖이 모두 위태로운 상황이었다.

제43대 황제 디오클레티아누스는 이러한 위기의 본질을 누구보다 잘 이해했다. 그는 광대한 제국을 혼자 통치하는 것이 현실적으로 불가능할뿐더러, 권력 투쟁만 일으킨다고 진단했다. 그래서 실제로 권력을 나누었다. 오늘날 보면 매우 상식적인 판단일 수 있지만, 심지어 오늘날에도 그처럼 행동할 수 있는 지도자는 많지 않을 것이다. 이후 로마는 정치적 혼란과 무질서의 악순환을 끊어내고 다시 한번 날개를 펼칠 수 있었다. 그의 삶은 위기의 순간일수록 손을 맞잡는 지혜를 보여준다.

개천에서 난 용

개천에서 용 나는 이야기만큼이나 마음을 뛰게 하는 것이 또 있을까. 좋은 직장에 취업하든, 어려운 고시에 합격하든, 투자로 큰돈을 벌든 오늘날 많은 사람이 자신의 '수저'를 바꾸기 위해 노력하고 있다. 디오클레티아누스도 둘째가라면 서러울 '개천' 출신이었다. 일단 태어난 곳부터 이탈리아반도에서 멀리 떨어진 달마티아 속주 (오늘날 발칸반도 서부)의 살로나였다. 244년 12월, 또는 245년 1월에 태어났다고 하는데, 황제가 되기 전의 삶은 자세히 알려지지 않았다. 다만 이름만큼은 근사해 '신의 영광'이라는 뜻의 '디오클레스 Diocles'로 불렸다고 한다. 그의 아버지는 어느 원로원 의원의 노예였다가 해방되어 서기로 일했다. 이처럼 신분은 낮았어도 아버지가 서기였기 때문에, 읽고 쓰는 초등 교육은 받을 수 있었을 것이다. 그가 태어난 3세기는 군인 황제 시대로, 군사적 재능만 있으면 신분이 어떻든 태어난 곳이 어디든 병사에서 장군을 거쳐 황제까지 될 수 있었다. 실제로 270년 이후부터 아우렐리아누스, 마르쿠스 아우렐리우스 프로부스, 카루스 등 발칸반도 일대를 근거지로 한 장군들이 연달아 황제가 되었다. 군사적 재능이 뛰어났던 디오클레스도 병사로 복무하다가 장교로 승진했고, 도나우강 전선에서 장군으로 복무했다.

훌륭한 지휘관이었던 디오클레스는 제42대 황제 카루스의 근위기병대장으로 발탁되었고, 집정관의 자리까지 올랐다. 283년 카루스는 페르시아제국의 수도를 정복하는 업적을 세웠지만, 귀국길에 급사하고 말았다. 벼락에 맞아 죽었다고 하는데, 심한 폭풍우 속에서 정적들에게 살해당했다는 야사도 존재한다. 이유가 무엇이든 재위 기간이 1년도 채 되지 않았으니, 비참한 죽음이었음은 틀림없다. 다행히 카루스는 생전 두 아들 마르쿠스 아우렐리우스 누메리우스 누메리아누스와 마르쿠스 아우렐리우스 카리누스를 공동 후계자로 임명한 상태였다. 이에 동방에서는 페르시아제국 원정에 함께 나섰던 형 누메리아누스가, 서방에서는 게르만족과의 전투에서 승리한 동생 카리누스가 황제로 선포되었다.

그러나 경험이 부족했던 신임 황제 누메리아누스는 그의 장인이자 근위대장인 아리우스 아페르의 꼭두각시에 불과했다. 게다가 황제가 된 지 1년 만인 284년 갑자기 병사하고 말았다. 그러자 아페르는 자신이 황제로 즉위하고자 했고, 이에 그가 두 전임 황제의 급사에 연루되었다는 소문이 돌기 시작했다. 결국 누메리아누스의 부하 장군들이 반기를 들었고, 평소 믿고 따르던 디오클레스를 황제로 추대했다. 이로써 디오클레스는 갑작스럽게 황제가 되었고, 이름도 그에 걸맞은 디오클레티아누스로 개명했다.

디오클레티아누스는 비티니아 속주의 니코메디아에서 군인들에게 임페라토르로 추대되었다. 그는 전임 황제들의 죽음에 자신은 무관하다고 맹세했다. 그러면서 아페르를 시해자로 지목하고는 군인들이 보는 앞에서 처형했다. 당시 디오클레티아누스의 정적들은 그가 진짜 시해자라고 주장하고 있었다. 이런 점에서 몇몇 역사가는 디오클레티아누스의 즉위를 경쟁자와 제위를 두고 다투다가 승리한, 군인 황제 시대의 일반적인 권력 투쟁의 결과로 보기도 한다. 그가 285년 카리누스마저 물리치고 단독 황제가 된 것은 이러한 견해에 신빙성을 더한다. 이렇게 사실상의 내전에서 승리한 그의 운명은 앞으로 어떻게 될 것인가. 2년을 채 버티지 못하고 죽임당하거나 쫓겨나는 또 한 명의 군인 황제로 남을 것인가.

그런데 디오클레티아누스에게는 다른 군인 황제들에게는 없던 정치 감각이 있었다. 그것은 힘은 약해졌어도 로마의 전통을 상징하는 원로원의 지지를 얻기 위해 생애 처음으로 로마시를 방문했을 때 잘 드러났다. 원로원은 여전히 제위 계승을 승인하는 권위를 갖고 있었다. 군인 황제 시대의 혼란과 무질서가 계속되고 있는 현실을 감안하면, 원로원으로서는 디오클레티아누스의 방문이 나쁘지 않았다. 원로원을 대놓고 무시하던 전임 황제들과 달리, 비록 형식적이라고는 해도 원로원의 권위를 존중하는 새 황제를 적대시할 필요는 없었기 때문이다. 디오클레티아누스는 원로원을 방문해 황제, 즉 아우구스투스로 인정받았다. 그는 장군들이 차지했던 집정관 자리를 원로원에 돌려주는 것으로 화답했다.

스스로 권력을 나누다

디오클레티아누스는 원로원과 '허니문 기간'을 오래 즐기지 못했다. 북방과 동방에서 끊임없이 제국을 침략하는 외적들을 막아내야 했기 때문이다. 실제로 그는 거의 곧바로 도나우강 전선과 동부 국경을 점검하러 떠났다. 그러면서 286년 서방을 맡아 다스릴 부황제(카이사르)로 마르쿠스 아우렐리우스 발레리우스 막시미아누스를 임명해 갈리아 속주 일대와 라인-도나우강 전선을 책임지도록 했다. 막시미아누스는 디오클레티아누스처럼 발칸반도 출신으로, 생사고락을 함께한 후배 장군이었다. 부황제가 된 그는 갈리아 속주로 가 바가우다이족의 반란을 진압했고, 게르만족을 라인강 너머로 몰아내 디오클레티아누스의 기대에 부응했다.

　이러한 전공에 힘입어 287년 막시미아누스도 아우구스투스이자 디오클레티아누스의 형제로 선포되었다. 두 황제의 지위는 종교적으로도 표현되었는데, 디오클레티아누스는 제우스로, 막시미아누스는 제우스의 아들 헤라클레스로 묘사되었다. 즉 디오클레티아누스는 계획하고 명령하는 통치권자의 역할을, 막시미아누스는 부과된 과업을 완성하는 영웅의 역할을 맡았다는 것이다. 물론 황제들은 신이 아니고 현실에서 발버둥 치는 인간이었다. 종교 의식이 끝나는 대로 디오클레티아누스는 동방으로, 막시미아누스는 서방으로 떠났다.

이처럼 디오클레티아누스와 막시미아누스는 둘 다 아우구스투스로 불렸고, 각각 동방과 서방을 맡았으며, 각자의 황궁과 군대와 행정 기관을 가졌지만, 그렇다고 제국이 둘로 분리된 것은 아니었다. 두 황제는 협력을 아끼지 않았고, 무엇보다 디오클레티아누스의 우위가 유지되었다.

288년 막시미아누스는 자신의 사위 플라비우스 발레리우스 콘스탄티우스 클로루스(콘스탄티누스 대제의 아버지)를 라인강 어귀에서 벌어진 프랑크족과의 전투에 파견했다. 프랑크족은 평화 협상을 원했고, 콘스탄티우스는 폐위되었던 그들의 왕 게노바우데스를 복위시키며 자신의 관리하에 두었다. 막시미아누스는 로마에 적대적이지 않은 게르만족들은 라인강과 발강 사이에 정착하는 것을 허락했다. 이로써 게르마니아 속주와 본토 사이에서 일종의 방파제 구실을 하게 했다. 그러나 브리타니아 속주에서 반란을 일으킨 로마 군인 마르쿠스 아우렐리우스 마우사이우스 발레리우스 카라우시우스가 아우구스투스를 참칭하며 7년 동안이나 해당 지역을 다스린 것은 막지 못했다.

3세기의 위기를 극복한 4제 통치

같은 시기 동방의 디오클레티아누스도 계속되는 전쟁과 반란에 대응하느라 쉴 틈이 없었다. 그는 도나우강, 이집트 속주, 동부 국경 등에서 하루가 멀다고 벌어지는 전투와 협상 그리고 장거리 이동으로 심신이 많이 지친 상태였다. 그 와중에도 페르시아제국과 휴전 협상을 진행하고, 유프라테스강부터 아라비아사막까지 이어진 전선에 많은 요새를 세워 방어 체제를 구축했다.

결국 디오클레티아누스는 두 명의 황제로도 부족하다는 것을 깨달았다. 이에 제위에 오른 지 8년 만인 293년, 두 황제가 각각 부황제를 두어 총 네 명이 통치하는 '4제 통치'를 도입했다. 두 황제가 동방과 서방을 나눠 맡다가 은퇴하면, 두 부황제가 황제로 승진하고, 그들이 다시 부황제를 지명하는 체제였다. 한 번이 어렵지 두 번은 쉽다. 이미 권력을 나눠본 현실주의자 디오클레티아누스에게 이는 제국의 안정을 위해 미룰 수 없는 일이었다.

광대한 제국은 네 개의 대大관구, 즉 오리엔스 대관구, 일리리쿰 대관구, 이탈리아 대관구, 갈리아 대관구로 나뉘었다. 디오클레티

4제 통치. 산마르코대성당의 남서쪽 모퉁이에 있는
조각상으로, 네 명의 황제가 서로 어깨를 두르고 있
다. 디오클레티아누스는 현실적 필요에 따라 흔쾌히
권력을 나누었고, 이로써 로마는 다시 한번 비상할
수 있었다.

아누스는 제일 동쪽의 오리엔스 대관구(수도 니코메디아)를 맡아 소아시아, 시리아, 이집트, 트라키아를 통치했다. 자신의 부황제로는 도나우강 전선의 명장 가이우스 갈레리우스 발레리우스 막시미아누스를 임명해, 일리리쿰 대관구(수도 시르미움)를 맡기고 발칸반도 일대를 통치하게 했다. 막시미아누스는 이탈리아 대관구(수도 메디올라눔)를 맡아 이탈리아, 아프리카, 히스파니아를 통치했고, 그의 부황제 콘스탄티우스는 갈리아 대관구(수도 아우구스타 트레베로룸)를 맡아 갈리아와 브리타니아를 통치했다.

각 대관구의 수도는 디오클레티아누스가 제국의 방위에 얼마나 신경 썼는지를 잘 보여준다. 모두 지정학적 요충지로서 동방의 니코메디아는 지중해와 흑해를 연결하는 마르마라해에서 멀지 않았고, 시르미움은 도나우강의 중류와 상류를 지킬 수 있는 곳이었다. 서방의 메디올라눔은 라인강 상류와 도나우강 상류를, 아우구스타 트레베로룸은 라인강 중류와 하류, 갈리아를 수호할 수 있었다. 다만 대관구들의 수도로서 로마시가 빠졌다는 점은 특이하다.

4제 통치는 황제가 직무를 수행하지 못하는 비상시에 부황제가 사태를 신속히 수습할 수 있고, 이것 자체가 공식적인 후계 체제이므로 권력 투쟁을 방지할 수 있다는 장점이 있었다. 황제가 죽을 때마다 벌어지던 암투와 내전을 피할 수 있는 탁월한 발상이었던 셈이다. 한마디로 4제 통치는 제국을 효율적으로 방어하고, 제위 계승을 안정적으로 보장하는 합리적인 체제였다.

사실 4제 통치라는 개념은 근대에 만들어졌기에, 오해를 피하고자 좀 더 자세히 설명하면 이렇다. 비록 통치 영역을 네 개의 대관구로 나누었지만, 100여 년 뒤인 395년 로마의 제50대 황제 테오도시우스 1세가 제국을 두 아들에게 분할 상속해 동로마제국과 서로마제국이 쪼개진 것처럼 통치권을 명확히 나눈 것은 아니었다. 4제 통치 때의 디오클레티아누스는 선임 황제로서 제국의 전체적인 전략을 수립하고 최종 결정을 내렸다.

4제 통치는 디오클레티아누스의 강력한 의지로 탄생했고, 결혼으로 강화되었다. 실제로 갈레리우스는 디오클레티아누스의 사위였고, 콘스탄티우스는 막시미아누스의 사위였다. 이 외에도 네 황제가 모두 발칸반도 출신이었고, 병사에서 장군으로 그리고 황제로 승진했다는 점에서 공통점이 있었기에, 서로 신뢰하고 잘 통했을 것이다.

이 넷은 직무와 권한이 완전히 분리된 독립 군주가 아니었기에, 법을 공표할 때나 전쟁에서 승리해 찬사받을 때 이름을 함께 올렸다. 다만 각자 맡은 대관구의 수도에 자신만의 황궁과 법정, 근위대를 가졌고, 역시 각자 주화를 발행했다. 또한 자신이 맡은 대관구에서 전쟁이나 반란 등의 문제가 벌어지면 알아서 해결해야 했고, 여름에 열린 협의회에서 만날 때를 제외하고는 대체로 서신이나 사절들을 통해 소통했다.

지도자 본색	공동체가 위기를 겪고 있을 때 지도자는 어떻게 통치해야 할까. 그런 상황에서 많은 사람이 기대하듯이 놀라운 카리스마를 발휘할 수도 있겠지만, 권력을 나눠 다른 훌륭한 이들과 함께 문제를 해결하는 것도 좋은 방법이다. 공동체가 겪는 문제는 대부분 너무나 복잡해 혼자 해결할 수 없는 경우가 많고, 그러다 보면 결국 '식물 지도자'가 되기에 십상이다. 권력은 나눌수록 커진다. 지도자에게 함께하는 지혜가 필요한 이유다.

자색 옷을 입다

디오클레티아누스는 3세기의 위기에 맞선 '구원 투수'였다. 그는 4제 통치 외에도 국정 전반에 걸친 대대적인 개혁으로 제국을 다시 한번 비상하게 했다.

우선 황제의 지위를 더욱 공고히 했는데, 그러면서 로마시의 위상이 변했다. 왕정이든 공화정이든 제정이든 통치의 중심은 늘 로마시였다. 그러나 4제 통치가 시작되며 로마시는 이탈리아 대관구의 일개 도시로 전락했다. 게다가 선임 황제 디오클레티아누스는 오리엔스 대관구의 수도인 니코메디아에서, 이탈리아 대관구를 맡은 서방 황제 막시미아누스는 메디올라눔에서 통치했기 때문에, 로마시의 위상은 더욱더 축소될 수밖에 없었다.

또한 최고 권력을 가진 디오클레티아누스가 로마시를 떠나 니코메디아에 자리 잡음으로써, 동방의 전제 군주제 국가들과 유사한 기풍이 스며들었다. 그는 동방의 전제 군주들처럼 자색 옷을 입었다. 그리고 신비감과 경외심을 일으키기 위해 동방의 의식과 예법을 도입했다. 그를 만나려면 절하고 배알하는 예식을 치러야 했다. 또한 그는 자신을 '주군dominus이자 신'으로 부르게 했다. 이로써 아우구스투스를 시작으로 로마의 평화 시대를 이끈 원수정(프린켑스의 체제)이 무너지고 전제정(도미누스의 체제)이 시작되었다.

디오클레티아누스는 니코메디아에 머물렀지만, 로마시에도 그를 기념하는 공공건물들이 들어섰다. 대표적인 것이 포룸 로마눔의 원로원 회의장이었다. 이곳은 로마 전통의 상징이었는데, 283년 화재로 파괴되었다. 이를 디오클레티아누스가 재건해, 오늘날까지 형태를 보존하고 있다. 반대로 지금은 남아 있지 않지만, 카피톨리움 언덕 북서쪽의 평지에 개선문을 세웠다. 즉위 10주년을 기념해 293년에 세웠다는 설과 303년의 개선식을 위해 세웠다는 설이 있다. 이 개선문은 같은 자리에 있던 클라우디우스 개선문과 구별하기 위해 '새 개선문'이라는 뜻의 '아르쿠스 노부스Arcus Novus'로 불렸는데, 1491년 교황 인노켄티우스 8세가 산타마리아성당을 재건할 때 파괴되었다.

디오클레티아누스의 이름을 가장 널리 알린 공공건물은 로마시의 일곱 언덕 중 하나인 비미날리스 언덕 근처에 세운 디오클레티아누스 욕장이었다. 298년 막시미아누스가 디오클레티아누스를 기념하기 위해 지은 곳으로, 3000여 명을 수용할 수 있어 로마시에 지어진 가장 큰 욕장이었다. 로마 시민들은 이곳에서 목욕을 즐기며 저 먼 동방에 거주하는 황제의 힘을 온몸으로 느꼈을 것이다. 디오클레티아누스 욕장의 외벽에 쓰인 기둥 중 일부는 오늘날 레푸블리카 광장에 늘어서 있다. 또한 르네상스 시대에 욕장 일부를 활용해 산타마리아성당과 산베르나르디노교회가 세워졌고, 1889년에는 로마국립박물관도 들어섰다. 로마시의 중앙역인 테르미니Termini역의 이름은 바로 근처에 있었던 디오클레티아누스 욕장thermae에서 유래했다.

민생을 위협하는 인플레이션

4제 통치가 자리 잡자 디오클레티아누스는 행정부터 경제까지 다양한 분야의 개혁을 시도했다. 일단 황궁이 네 개로 늘면서 관리들이 많아져, 자연스레 황제의 권한이 강화되었다. 반면 네 개의 대관구로 영토를 나눈 탓에 속주가 50여 개에서 100여 개로 두 배나 늘어 총독의 권한은 축소되었다. 추가로 총독의 독립성과 자율성의 근거가 되었던 통수권을 해당 속주의 군단장에게 줌으로써, 행정권과 사법권의 남용을 막았다.

　행정 개혁에 이어 군대 개혁이 시도되었다. 수도 근방에 중무장 기병대인 야전군을 배치하고 국경에는 변경주둔군을 상주시켰다.

이때 야전군은 출신을 따지지 않고 신체 능력이 우수한 병사들로 구성했는데, 따라서 제국 내에 거주가 허용된 게르만족들이 대거 선발되었다. 이로써 로마군의 양과 질이 모두 향상되었다.

이러한 개혁들은 그 자체로는 성공적이었으나, 국가 재정을 크게 압박했다. 하지만 세금을 더 거둘 여지가 별로 없었고, 엎친 데 덮친 격으로 유통되는 은화들의 은 함유량이 적어지며 재정 위기가 심화했다. 결국 화폐 개혁과 조세 개혁이 뒤따르게 되었다.

사실 3세기의 위기는 군사적·정치적 위기 못지않게 민생을 위협하는 경제적 위기에서도 비롯되었다. 무엇보다 살인적인 인플레이션이 문제였다. 학자들에 따르면 당시의 물가는 아우구스투스 때보다 70배나 높았다. 가장 근본적인 문제는 화폐의 질 저하였다. 제정이 시작된 이후 로마에는 금화 아우레우스, 은화 데나리우스, 동화 아스$_{as}$ 등의 주화가 유통되고 있었다. 이것들은 실제 무게가 반영된 화폐였다. 특히 금화와 은화는 일정한 순도를 유지해야 가치를 띨 수 있었다. 그 기준은 이러한데, 금 약 454그램으로 40개의 아우레우스를, 은 약 454그램으로 84개의 데나리우스를 만들었다. 이때 1아우레우스는 25데나리의 가치를, 1데나리우스는 16아스의 가치를 띠었다.

그러나 시간이 흐르며 금과 은의 공급량이 부족해졌고, 특히 3세기 들어 갑자기 권력을 잡은 황제들이 순도가 떨어지는 금화나 은화를 남발하며 문제가 커졌다. 결국 지중해 세계의 주요 유통 수단이었던 로마의 화폐는 신용을 잃었고, 그만큼 물가가 치솟았다. 더 큰 문제는 환전상들이 로마의 화폐를 거부함으로써 유통 체제와 무역 질서가 붕괴하는 극단적 상황까지 닥쳤다는 것이다. 따라서 디오클레티아누스로서는 극심한 인플레이션을 해결하고 화폐의 신뢰도를 회복하는 일에 주력할 수밖에 없었다.

디오클레티아누스는 재위 초기인 286년 순도 60퍼센트의 새로운 아우레우스를 발행하며 화폐 개혁에 시동을 걸었다. 다만 은 공급은 계속 원활하지 않아 293년까지는 기존의 은화를 쓰다가 4제 통치가 수립된 뒤 순도 92퍼센트의 아르겐테우스argenteus라는 새로운 은화를 발행했다. 동화도 새로 발행했는데, 황제가 방사형 왕관을 쓰고 있는 모습을 새긴 것과 작은 월계관을 쓰고 있는 모습을 새긴 것으로 총 두 종류였다. 이 동화들은 기존의 것보다 크거나 순도가 높아 인기가 좋았다.

이러한 화폐 개혁으로 로마의 화폐는 신뢰를 회복했고, 무역 질서는 안정을 되찾았다. 남은 문제는 인플레이션이었다. 이를 해결하고자 디오클레티아누스는 최고가격령을 발표해 임금과 물가를 인위적으로 규제했다. 그는 "모든 판매 상품의 가격이 네 배나 여덟 배 정도가 아니라 그 이상으로 너무 지나쳐 …… 병사들이 단일한 품목을 살 때 급료와 기부금 모두를 강탈당하고 있다"라며 심각한 인플레이션의 주범으로 대상인들의 매점매석을 꼽았다.

사실 디오클레티아누스는 대상인들에게 자제할 것을 먼저 요청했으나, 잘 받아들여지지 않았다. 이에 최고가격령을 반포했으니, 1000개가 넘는 물품과 서비스의 최고 가격을 고시했고, 탐욕과 폭리를 취하는 자는 죽음으로 다스리겠다고 엄포를 놓았다. 최고가격령은 제국 전역에서 시행되었으나, 큰 효과를 보지 못해 디오클레티아누스의 은퇴와 함께 사라졌다.

공정한 과세, 하나 되는 로마

인플레이션을 잡기 위한 노력은 조세 개혁으로 이어졌다. 당시 본토인 이탈리아반도의 시민은 간접세(관세, 소비세)만 부담했고, 따라서 국가 재정의 대부분은 속주민이 내는 속주세로 채워졌다. 속주세는 정기적으로 납부하는 토지세와 인두세, 비정기적으로 납부하는 계승공납금과 황제나 로마군이 해당 속주에 머무는 비용을 마련하기 위한 조세로 나뉘었다. 이 중 계승공납금은 새로운 황제가 즉위하거나 개선식이 열릴 때 축하의 의미로 자발적으로 금을 모아 낸 전통에서 유래했는데, 3세기에 이르자 조세처럼 징수되었다. 당연히 속주세는 속주민에게 큰 부담이었다. 하지만 제정 초기만 해도 중앙에서는 속주세에 크게 신경 쓰지 않았고, 현지의 자율성을 최대한 존중했다. 속주민에게 조세를 징수하는 일은, 그것이 어떠한 방식이든 지역의 관리가 알아서 할 일이었다.

그런데 3세기의 위기와 극심한 인플레이션으로 중앙의 조세 수

입이 불안정해졌다. 우선 화폐 가치가 떨어져 조세를 현물로 거두다 보니, 그것의 시장 가격에 따라 조세 수입이 널뛰었다. 이에 속주세를 높이고자 했는데, 토지와 사람의 수 등 확고한 기준에 따라 징수하는 정기적인 속주세는 그럴 수 없었고, 따라서 비정기적인 속주세만 높아졌다. 그 과정에서 지역별로 조세 부담의 차이가 벌어졌는데, 특히 군사적인 위협이 상존해 많은 로마군이 주둔하는 변경 속주들의 피해가 컸다.

게다가 지역 관리들 마음대로 징세하는 탓에, 조세를 면제받는 자와 과중하게 떠맡는 자가 생겨났다. 한 지역 내에서도 개인 간 조세 부담의 차이가 벌어진 것인데, 한마디로 조세 행정의 생명인 형평성이 크게 훼손되었다. 이로써 조세 저항이 시작되면 재정 문제를 넘어 국가의 안보가 흔들릴 수 있으므로, 디오클레티아누스는 상황을 심각하게 받아들였다.

이에 디오클레티아누스는 혁신적인 개혁안을 내놓았다. 우선 이탈리아반도를 속주로 편입했다. 이렇게 하면 모두가 직접세를 내는 속주민이 될 수밖에 없었다. 사실 212년 제국의 전체 자유인에게 로마시민권을 주었으므로, 본토 시민의 직접세 면제 특권을 없앤 것은 그리 부당한 일이 아니었다.

이어서 디오클레티아누스는 '유굼iugum'과 '카푸트caput'라는 새로운 조세 단위를 도입해 형평성을 더욱 강화했다. 유굼은 원래 황소 한 쌍이 갈 수 있는 토지의 크기를 의미했으나, 디오클레티아누스는 일정한 소출을 낼 수 있는 토지의 단위로 재정의했다. 한마디로 조세의 기준을 토지의 크기에서 실제 발생하는 소출로 바꾸었다. 이로써 예전에는 A를 농사짓든 B를 농사짓든 1유굼마다 똑같은 액수의 조세를 부담했다면, 앞으로는 똑같은 1유굼의 토지라도 소출이 더 많은 A 농사가 조세도 더 많이 부담하게 되었으니, 훨씬 합리적이었다.

토지 외의 사람과 가축 등에는 카푸트라는 단위를 적용해 조세를 부과했다. 이전까지 카푸트는 단순히 머릿수를 기준으로 했는데, 디오클레티아누스의 조세 개혁에 따라 성인 남자 1인의 노동력을 기준으로 삼게 되었다. 여자나 어린아이, 가축의 카푸트는 이를 기준으로 다시 계산했다.

이처럼 디오클레티아누스는 과세 대상을 확대하고 모든 사람에게 적용되는 원칙을 제시함으로써 형평성을 높였다. 그 결과 본토 시민과 속주민의 차별이 사라졌고, 원로원 의원들조차 조세를 부담하게 되었다. 모든 자유인이 조세 문제에서 동등한 지위를 누리게 되었으니, 제국의 결속과 통합이 자연스레 이루어졌다.

그리스도교 대박해

지금까지 살펴본 내용에 따르면 디오클레티아누스는 완벽한 황제처럼 보인다. 하지만 그도 크게 비판받는 부분이 있는데, 그리스도교를 극심하게 탄압한 일이었다. 자신의 신성을 강조한 일은 차치하고라도, 디오클레티아누스가 그리스도교를 박해한 마지막 황제였다는 것은 3세기의 위기와 관련해 이해 못 할 바가 아니다. 3세기의 위기는 군사적·정치적 위기와 경제적 위기였을 뿐 아니라, 그동안 다신교적 전통과 문화로 지중해 세계를 정복하고 통치했던 로마의 사회적·문화적 위기이기도 했다. 로마인들은 많은 신이 존재하고, 그들이 인간의 삶과 국가의 발전에 영향을 미친다고 보았다. 그래서 중요한 신들을 위해 신전을 짓고, 신상을 모시고, 정기적으로 제사를 지내 그들과 우호적인 관계를 맺고자 노력했다. 만일 신들과의 관계를 소홀히 해 개인이든 국가든 분노를 사면 큰 불행을 겪을 수밖에 없다고 믿었기 때문이다. 정확히 이런 관점에서 3세기의 위기는 로마를 향한 신들의 분노였다. 이때 유일신 사상을 핵심으로 하는 그리스도교는 다신교적 전통의 로마를 위협하는 해로운 외래 종교일 뿐이었다.

당시 그리스도교는 예수의 십자가 처형과 부활, 승천 등과 관련해 견해를 달리하는 유대인들의 탄압에 이미 시달린 터였다. 또한 다신교적 전통의 그리스·로마 세계로 전파되며 헬라인들과 로마인들의 반발을 사기도 했다. 그런데도 예수의 제자들, 특히 바울의 선교 활동에 힘입어 그리스도교는 서서히 지중해 세계 전역으로 퍼져나갔다. 3세기 말이 되면 그리스도교도는 제국 전체 인구의 10퍼센트에 이르렀다. 그들은 주로 제국 동부에 몰려 있었다.

제우스의 현현을 자처한 디오클레티아누스는 로마 전통 종교의 회복을 통해 황제권을 강화하려 했다. 299년 관리와 병사를 포함한 모든 시민은 국가가 주관하는 종교 의식에 참여하도록 강제했고, 이에 응하지 않으면 태형으로 다스렸다. 이어서 303년 그리스도교 탄압을 본격적으로 선언하는 칙령을 네 번 공포했다. 그리스도교를 박해한 최초의 황제 네로처럼 그는 니코메디아의 황궁에서 발생한 화재를 그리스도교도의 범행으로 결론짓고, 그들을 제국을 위협하는 세력으로 규정했다. 이에 교회를 부수고, 성경과 성물 등 각종 예배용 집기를 불태우며, 교회 재산을 압류했다. 주교 등 고위 성직자를 체포해 개종을 강요하고 이를 거부하면 처형했다. 304년의 마지막 칙령은 법적 절차인 고발 없이도 그리스도교도를 고문할 수 있도록 했다. 그리스도교도로 밝혀지면 어떠한 법적 보호도 받을 수 없었다. 이처럼 디오클레티아누스는 그리스도교를 철저히 파괴하고자 했다.

그리스도교 박해는 309년까지 계속되었는데, 디오클레티아누스가 은퇴한 후, 그의 부황제였다가 305년 황제가 된 갈레리우스가 311년 관용령을 선포하며 동력을 잃었다. 그리고 313년 콘스탄티누스 대제와 가이우스 발레리우스 리키니아누스 리키니우스가 발표한 밀라노 칙령으로 그리스도교는 합법적인 종교로 공인되었다.

그리스도교 박해. 디오클레티아누스는 그리스도교를 가장 마지막으로, 또 네로와 더불어 가장 강력하게 박해한 황제였다. 십자가에 매달거나, 산 채로 태우거나, 맹수에게 먹이로 주는 등 각종 잔혹한 방법을 동원했다. 장레옹 제롬, 〈순교를 앞둔 그리스도교도들의 마지막 기도〉, 1883, 월터스미술관(미국, 볼티모어).

박수 칠 때 떠나다

이처럼 디오클레티아누스는 많은 공과 치명적인 과를 남겼지만, 이는 모두 후대의 평가이고, 당시 가장 주목받았던 점은 그가 박수 칠 때 떠났다는 것이다. 그는 권력에서 물러날 때를 아는 지도자였다. 제위에 오르고 21년째이자 60세가 된 305년 니코메디아의 황궁에서 황제의 직을 내려놓고 공식적으로 은퇴했다. 생전 스스로 제위에서 물러난 로마사 유일의 황제였다. 스스로를 신격화하고, 동방식 전제 군주제를 도입해 전제정을 출범시킨 그가 은퇴하다니! 아무도 이해할 수 없는 일이었다. 그는 자신의 나이가 많고 병까지 들어 더는 국가를 경영할 수 없다는 이유를 들었다.

4제 통치의 원칙에 따라 메디올라눔에서 서방 황제인 막시미아누스도 '마지못해' 은퇴했다. 디오클레티아누스는 4제 통치의 원칙에 따라 갈레리우스와 콘스탄티우스를 새로운 황제로 지명했다. 갈레리우스는 발칸반도와 소아시아를 받았다. 그는 자신의 조카 가이우스 발레리우스 갈레리우스 막시미누스 다이아를 부황제로 선임해 시리아와 이집트를 맡겼다. 콘스탄티우스는 갈리아, 브리타니아, 히스파니아, 마우레타니아를 받았다. 그는 플라비우스 발레리우스 세베루스를 부황제로 선임해 이탈리아반도, 아프리카, 판노니아를 맡겼다.

디오클레티아누스는 300년경부터 자신의 고향 살로나 근처의

스팔라툼 해변가에 은퇴 후 거처할 별장을 만들었다. 동서 180미터, 남북 215미터 규모의 이 별장은 담으로 둘러싸여 있었고, 무기 제조소, 신전, 무덤 등을 갖추어 성채를 방불케 했다. 제위에서 물러난 디오클레티아누스는 이곳에서 양배추 농사를 지으며 살다가 311년(또는 312년) 12월 3일 죽었다. 그러나 반강제적으로 제위를 내려놓은 막시미아누스는 미련을 버리지 못했다. 그는 이탈리아반도에 머물며 자신의 아들 마르쿠스 아우렐리우스 발레리우스 막센티우스에게 제위를 물려줄 기회를 노렸다. 그러나 아들과 사이가 멀어졌고, 막센티우스와 콘스탄티누스의 권력 투쟁에 연루되어 비참한 최후를 맞았다.

로마의 마지막 구원 투수

디오클레티아누스는 집권 과정에서 경쟁 상대를 폭력적으로 제거하고 제위를 차지했다. 그는 발칸반도를 근거지로 한 군인 황제들의 뒤를 이어 로마의 일인자가 되었다. 군사적 재능으로 황제가 되었지만, 앞선 군인 황제들과는 다른 현실적이고 실용적인 정치 감각과 능력을 발휘해 끝이 보이지 않던 혼란과 무질서를 끝냈다. 그의 최대 공적은 50여 년간 계속된 군인 황제 시대를 마감하고, 제국을 위기에서 건져냈다는 데 있다.

　디오클레티아누스는 위기의 본질을 간파했다. 우선 광대한 제국을 통치하는 황제가 한 명이라는 데 문제가 있었다. 자신의 명령 한마디에 수만 명의 병사가 일사분란하게 움직이는 데 익숙한 장군들은 본능적으로 최고의 자리를 탐했다. 게다가 두 차례의 삼두정치를 겪은 공화정 말기의 역사도 힘만 있으면 권력을 독식하는 것이 인간의 본성임을 적나라하게 보여주지 않는가. 그런 점에서 4제 통치는 기발하고, 또 대담한 기획이었다. 그것은 넓은 영토를 혼자 책임져야 하는 황제의 부담을 줄이기 위해 제국을 동방과 서방으로 나누고, 그것을 다시 한번 나눠 총 네 영역을 네 명의 황제가 맡는 지역 방어 체제라는 점에서 매우 효율적이었다.

이때 황제 아래 부황제를 두어, 황제의 은퇴 후 그 자리를 부황제가 자동으로 승계해 제위 계승을 둘러싼 갈등을 차단했다는 점에서 4제 통치는 매우 안정적이었다. 부황제는 자신이 맡은 지역만 잘 방어해 군사적 능력만 증명하면 내전 없이도 자연스레 황제가 될 수 있었다. 이런 점에서 4제 통치는 국방 문제와 제위 계승 문제를 동시에 해결하는 일석이조의 방안이었다.

동시에 디오클레티아누스는 원수정 대신 전제정의 문을 열었다. 이후 공식 문서에서 황제는 도미누스, 즉 주군으로 칭해졌다. 이렇게 통치 체제를 공고히 한 후에는 화폐 개혁과 조세 개혁으로 국가 경제를 살려 민생 문제와 재정 문제를 동시에 해결했다.

장기적으로 보았을 때 디오클레티아누스의 모든 정책이 성공한 것은 아니었다. 특히 그리스도교에 대한 대대적인 박해는 그의 업적에 그늘을 드리웠다. 그러나 그의 통치가 50여 년간 이어진 군인 황제 시대의 혼란과 무질서를 끝냈다는 점, 그가 다져놓은 강력한 황제권과 관료제 덕분에 제국이 이후 200여 년간 융성할 수 있었다는 점, 그 결과 동로마제국은 1000년 이상 유지되었다는 점은 충분히 높이 평가받을 만하다. 무엇보다 말년에 스스로 제위를 내려놓고 평안한 죽음을 맞이한 것은 역사 속 수많은 지도자에게, 특히 홀로 권력을 휘두르다가 비극적 최후를 맞은 지도자들에게 귀감이 된다.

박해의 진실

오늘날 우리는 일반적으로 예수의 탄생을 기원으로 한 '서기'를 쓴다. 가령 2022년은 예수 탄생 후 2022년째 되는 해라는 의미다. 서기는 6세기의 그리스도교 신학자 디오니시우스 엑시구스가 만든 것인데, 그 전까지는 '순교자의 연호'가 쓰였다. 말 그대로 그리스도교 순교자들을 기리는 연호인데, 정식 명칭은 '디오클레티아누스 연호'였다. 디오클레티아누스의 극심한 그리스도교 박해를 꼬집기 위해 그가 집권한 284년을 원년으로 삼은 이 연호는, 당시 그리스도교도들의 원한, 또는 공포가 얼마나 심했는지를 잘 보여준다.

또 다른 진실

당대 기록을 살피면 디오클레티아누스의 통치 아래에서 그리스도교도들이 당한 끔찍한 일들이 구구절절하게 묘사되어 있다. 맹수의 먹이로 던져지고, 온갖 방법으로 고문당하고, 결국에는 잔인하게 처형당하는 장면들이 계속된다. 하지만 정말 광범위한 박해가 있었는지에 대해서는 반론이 존재한다. 《로마제국 쇠망사》로 유명한 에드워드 기번의 설명이 대표적인데, 그는 "박해의 실상이 과장되어서는 안 된다"라고 분명히 밝힌다.

기번은 '교회사의 아버지'로 불리는 3세기의 신학자 유세비우스의 《교회사》를 근거로 든다. 거기에는 디오클레티아누스 때 단 아홉 명의 주교만이 사형에 처해졌고, 또한 (그리스도교가 다른 곳보다 많았을) 유대 지역에서는 100여 명만 순교했다고 기록되어 있다. 유대 지역의 규모는 전체 제국 영토의 16분의 1 정도였으므로, 단순하게 계산하면 전체 순교자는 2000명을 넘지 못한다. 특히 서방에서는 박해의 정도가 약했기에 순교자가 그보다도 적었을 수 있다. 기번은 이를 그리스도교도 간의 갈등으로 수만 명씩 죽어간 중세와 비교하며, 진정 흉포한 시대는 어느 때였는지 되묻는다.

지도자 본색
1인자의 본심을 읽어야 국가의 운명이 보인다

초판 1쇄 인쇄 2022년 3월 25일 초판 1쇄 발행 2022년 4월 6일

지은이 김덕수
펴낸이 이승현

편집2 본부장 박태근
지적인 독자 팀장 송두나
편집 김광연
디자인 하은혜

펴낸곳 ㈜위즈덤하우스 **출판등록** 2000년 5월 23일 제13-1071호
주소 서울특별시 마포구 양화로 19 합정오피스빌딩 17층
전화 02) 2179-5600 **홈페이지** www.wisdomhouse.co.kr

ⓒ 김덕수, 2022

ISBN 979-11-6812-256-7 03900